Lili Grün

Mädchenhimmel!

Lili Grün (1933)

Lili Grün

Mädchenhimmel!
Gedichte und Geschichten

Gesammelt, herausgegeben,
kommentiert und mit einem Nachwort
von Anke Heimberg

AvivA

GEDICHTE

Adieu!

Ja, die Liebe ist vergänglich,
Und die Treue ist nur ein Begriff,
Teurer Freund, du hast mich nun verlassen –
Lebe wohl, mein Kind – Gott schütze dich!

Ach, ich soll nun wieder ins Büro gehn
Bei der Hitze, wie mir davor graut,
Und du sitzest irgendwo mit stolzer Miene
Und spielst Bräutigam und Braut.

Ich, mein Kind, will in die Fremde wandern,
Schreibmaschinen gibt's ja in der ganzen Welt,
Und ich find' schon nochmal einen andern
Netten Mann, der mir gefällt.

Monolog

Mein kleiner Junge, kokettier' nicht mit mir,
Ich hab' andere Sorgen.
Den ganzen Tag lauf' ich herum,
Um Geld für die Miete zu borgen.

»– – – Ich bin im Februar neunzehnhundertvier in Wien
    geboren,
Frühzeitig hab' ich Vater und Mutter verloren.
– – – Sollte es mir gelingen, die freiwerdende Stelle
Bei Ihnen zu bekommen, sehr verehrter Herr Direktor,
Dann werde ich mich bemühen, meinen Pflichten stets
    nachzukommen!«

Und so ist es wieder Abend geworden, halb acht.
Und der heutige Tag hat nichts gebracht,
Und nichts bleibt, als die Hoffnung auf morgen.

– – – Mein kleiner Junge, kokettier' nicht mit mir,
Ich hab' andere Sorgen.

Berlin, Friedrichstraße

Geliebter Freund

Du hast mir nun geschrieben
Und hast gefragt, wie es mir geht
Und was mit Arbeit ist und Geldverdienen
Und wie's im Allgemeinen um mich steht.

Du schreibst, ganz ohne Groll und Hader,
Was du mir angetan, es soll vergeben sein,
Und all mein Schmerz und meine bittren Tränen
In Gottes Namen willst du dir verzeihen.

Du wohnst bei deinem Schwiegervater,
Er nahm dich gerne auf in Kost und in Quartier ...
Ich find' die Sache ja ein bißchen schäbig,
Nicht einen Pfennig Mitgift gab er ihr.

Zum Schluß meinst du, ich soll dir Antwort schreiben,
Natürlich nur in dein Geschäft,
Denn deine junge Frau, sie könnte drunter leiden,
Und wenn sie meinen Brief erwischt,
Dann ging's dir schlecht.

Geliebter Freund, ich hab' dir nichts zu sagen;
Denn du bist fremd und fern und alles ist vorbei.
Ich hab' dich sehr geliebt ... Es ist vorüber,
Ich sprech' nicht gern davon ... Kurz:
    Schwamm darüber!

Der Schuft

Jede Frau, die im Leben gefällt
Und die was auf ihre Vergangenheit hält,
Hat irgendwann mal einen Schuft gehabt.
Ich spreche hier nicht so überhaupt und allgemein,
Daß jeder einzelne von ihnen ein Schwein ist – nein,
Ich meine den, der ausgerechnet damals kam,
Als man sich zum ersten Mal das Leben nahm,
Als man eben aufhören wollte zu existieren
Und gerade dabei war zu konstatieren,
Daß auf dieser Welt alles dumm und verkehrt ist
Und kein einziger Mensch etwas wert ist.
Da kam er und war einfach unwiderstehlich,
Und wir mußten langsam und allmählich
Und trotz enormem Widerstreben
Wieder gerne leben!

Das dauerte so ein Jahr oder zwei,
Und dann war eines Tages alles vorbei.
Eines Morgens hatte er einfach genug,
Ganz ohne Grund. Wir wurden niemals daraus klug.
Bedenken Sie doch, Frauen wie wir es sind,
Halb rührendes Weib, halb dämonisches Kind,
Mit männlichem Geist und Ehrgefühl
Und dazu noch wandelnder Sex-Appeal,
Konnte, durfte einer verlassen! –
So einen Kerl kann man nur hassen!
Aber selbst wenn wir mit Geist und Psychologie
Dies alles verstehn,
Eins verstehn wir ja nie:

Warum in wenigen Tagen, Wochen und Stunden
Alles, was nett und lieb war, verschwunden,
Und was übrigblieb, war einzig und allein
Ein ganz brutales, gemeines Schwein. –
Das haben wir uns furchtbar zu Herzen genommen
Und sind darüber hinweggekommen.
Sehen Sie, meine Herrschaften, das ist ein Schuft.
Und eine Frau, die bereits dreißig vorbei,
Wer, wo oder was sie auch sei,
Und die sagt, sie habe niemals nie den leisesten Anflug
    von einem Schuft gehabt,
Von dieser Frau behaupte ich glatt,
Egal, wie sie aussieht, lacht oder spricht:
Mit dieser Frau stimmt etwas nicht!

Rezepte fürs Herz

Haben Sie sich noch nie in dunkler Nacht
Ihr eigenes Begräbnis ausgedacht?
Wie der eine traurig war, der andre: bewußt;
Und der dritte sagt, er hat's immer gewußt?!
Menschen mit so empfindsamen Herzen werden nicht alt!
Sehen Sie, gnädige Frau, für diese Zeit
Zwischen Einschlafen, Wachen und Ewigkeit,
In der man sentimental und kitschig sein darf,
Kann ich Ihnen noch viel mehr erzählen
Und eine Unmenge erprobter Rezepte empfehlen.

Beispielsweise: Sie treffen den Mann,
Der Sie einstens treulos verließ.
An Ihrer Hand führen Sie sein Kind
(Er erkennt Sie nicht gleich, wie die Männer schon sind),
Und er bleibt wie angewurzelt stehn:
»Beim wunderbaren Gott – dies Weib ist schön!«
Doch jetzt geht ein Erschrecken über sein Gesicht:
»Ist denn das nicht – –??«
Und ein scheuer Blick streift den blonden Knaben:
»Sollten wir den miteinander haben – –??«
Doch lächelnd spricht Ihr edles Organ:
»Was starrst du mich denn so verwundert an?«
Sehen Sie, gnädige Frau, so edel sind Sie!
Alles übrige überlasse ich Ihrer Phantasie!

Für mich wär's ja das Schönste, daß ich nochmals
    geboren werde,
Aber nicht auf dieser banalen, nüchternen Erde,

Nein, in einem Tonfilm sollte mein Herz im Dreiviertel-
   takt klingen.
Und Willy Fritsch müßte mit begeisterter Stimme singen:
»Frau Lili, du hast die charmantesten Augen.
Wer dich nicht liebt, der ist aus Holz —«,
Text von Fritz Rotter, Musik von Robert Stolz!

Willy Fritsch

Elegie bei einer Tasse Mocca

Mein letzter Freund war ein Jurist.
Ich bin seit dieser Zeit gegen Juristen.
Juristen sind alle falsch, herzlos und bös,
Ich kann dieses Wort gar nicht hören, es macht mich
    nervös.
Darum wünsch' ich mir zum nächsten Verehrer
Beispielsweise einen Volksschullehrer.
Ein Mann, der den ganzen Tag kleine Kinder unter-
    richtet,
Muß doch, nebst Verstand und anderen Gaben,
So etwas wie eine Seele haben.
Und ich bin so scharf auf Seele!

Jedoch für Stimmung und Poesie
Wäre die einfachste Lösung ja die:
Man könnte einen Landpastor bekommen.
Aber die Leute sagen, es wird so schwer gehen,
Und ich muß ja selbst gestehen:
Durch meinen vergangenen Juristen
Habe ich so wenig Umgang mit Christen.
Und wenn man bedenkt, wie selten sich so ein Land-
    pastor
Ins Romanische Café verirrt,
Muß man zugeben, daß es einigermaßen schwer sein
    wird!

Berlin, Auguste Viktoria-Platz, Romanisches Café

Wiegenlied für einen kranken Dichter

So, und nun sei endlich still,
Jetzt geschieht, was der Doktor will!
Und ist das Kranksein auch noch so abscheulich,
Und schmeckt die Medizin auch bitter und greulich,
Morgen wird's vorüber sein –
Schlaf ein, kleiner Peter, schlaf ein, schlaf ein –

Morgen kommt der Geldbriefträger und bringt viele
    Millionen,
Und es schreiben die Redaktionen,
Flehen dich um Arbeit an,
Du bist ein gemachter Mann,
Und es bittet dich Max Reinhardt, bei ihm Dramaturg zu
    sein –
Schlaf ein, kleiner Peter, schlaf ein, schlaf ein –

Morgen bring' ich viele Frau'n,
Rot und gelb und grün und braun.
Ich bring' sie aus dem ganzen Land,
Dich zu erfreuen mit Mund und Hand –
Groß und dick und zart und klein –
Das wird alles morgen sein –
Schlaf ein, kleiner Peter, schlaf ein, schlaf ein –!

Jung enttäuscht

Vergangenen Winter war ich sechzehn Jahre
Und bin daher schon eine Dame.
Meine Freundin Trude nennt mich Lya,
Doch Lisl ist mein wirklicher Name.

Ich hab' mir die Liebe edler vorgestellt,
Es ist nicht schön in dieser Welt.
Manchmal streck' ich die Arme aus,
Dann muß ich weinen.
Ich finde mich dann selber furchtbar dumm,
Es klopft das Herz und meine Augen brennen,
Und ich frag' immerzu – warum – warum? –

Berlin, Potsdamer Platz

Die Verkäuferin

Womit darf ich dienen, gnädige Frau?
Das herrliche Grün paßt genau
Zu Ihren strahlend blonden Haaren ...

So müssen wir Komplimente machen,
Mit heiterem Antlitz und fröhlichem Lachen
Immer liebenswürdig sein
Jahraus, jahrein.

Doch abends um sieben sperren wir den Laden zu,
Dann haben wir selber ein Rendezvous,
Dann sind wir selber blond und apart,
Zierlich und zart ...
Abends nach sieben ist der Alltag vorbei,
Und dann werden wir kleinen Verkäuferinnen
Plötzlich alle ganz groß und ganz frei
Und dürfen zu leben beginnen.

Mädchenhimmel!

Wenn ich auch nichts von den Dingen versteh',
Eins weiß ich genau:
Es gibt ein eigenes Paradies für die Frau.
Für uns, die wir den ganzen Tag dienen
In dunklen Büros bei den Schreibmaschinen.

Dort sind wir den ganzen Tag ausgeschlafen,
Und schon zum Frühstück gibt's Sahne und Kuchen,
Und da soll mal einer versuchen, uns was zu schaffen!
Na, ich danke, der hat nichts zu lachen!

Und in der ewigen Seligkeit
Bekommen wir täglich ein neues Kleid.
Und jeden Abend wird ausgegangen
In einem Kleid mit richtigem Dekolleté
In ein Theater oder Konzertcafé!
Und statt der verdammten Schreibmaschine
Bekommt jede von uns eine Limousine!

Dort ziehen wir mit einer Jazzbandkapelle mal ein,
Und die Frau vom Chef darf nicht hinein!
Au fein!

Berlin, Friedrichstraße

Einzelhaftpsychose

Ich weiß nicht mehr, wie meine Stimme klingt,
Ich glaub', ich habe seit Tagen nicht gesprochen.
Ob man sich etwas aus der Zeitung liest?
»In Neukölln hat einer seine Frau erstochen – –«
Ach nein, es ist schon besser, wenn man etwas singt.

Ich lege fest meine beiden Arme um mich
Und sage ins dunkle Zimmer: Ich liebe dich –
Weißt du, einmal an einem Sonntagnachmittag, wie heut,
Da war ich ganz allein – und ich tat mir so leid –
Doch jetzt ist alles gut, denn jetzt bist du da –
Und du bist so gut und du bist so nah ...

Ich warte, ob drauf niemand etwas sagen will,
Aber im Zimmer ist's noch immer still,
Und ich höre keinen.
Da leg' ich meine beiden Hände vors Gesicht
Und kann endlich weinen ...

Kurzer Zwischenfall

Hast du die Tür gut abgeschlossen,
Und kann jetzt wirklich keiner 'rein?
Und bin ich jetzt bei dir, und sind wir ganz allein?
Morgen neun Uhr dreißig geht mein Zug –
Es gibt ja gar kein Morgen.
Du bist so lieb, so gut, so klug,
Wie schön, wie edel ist doch dein Gesicht,
Ein Meter dreiundachtzig bist du groß –
Die kleinen Männer mag ich nämlich nicht.

Bis morgen, nicht wahr, ist noch lange Zeit –
Bis morgen ist's 'ne ganze Ewigkeit,
Und überhaupt, es gibt kein Morgen.

Du hast so starke, gute Arme,
Mir ist zumut', als wär' ich wiedermal daheim.
Warum kann das nicht für immer sein?
Ich hab' dich lieb, und ich will dir gehören,
Jedoch so große Worte würden jetzt bloß stören,
Und morgen neun Uhr dreißig geht mein Zug.

Berlin, Kurfürstendamm, Filmtheater Gloria-Palast

Langweiliger Tag

Ich habe heut ein furchtbar schweres Herz.
Man kann nichts tun, als aus dem Fenster sehn.
Mit tausend Zigaretten übertön' ich meinen Schmerz,
Und abends muß ich in ein Kino gehn.

Ich weiß, daß man an so was nicht zugrund' gehen kann,
In ein paar Tagen ist es schon vorbei,
In einer Woche denk' ich nicht mehr dran,
In einem Jahr ist es ganz einerlei.

Ja, käm' uns wenigstens die Wissenschaft abhanden,
Und könnt' man glauben, daß man daran sterben muß.
Mit fünfundzwanzig ist dies alles öd und abgestanden,
Mit sechzehn ist solch Schmerz noch ein Genuß.

Ein Fräulein erwacht in einer fremden Wohnung

Sie schmeckt mir nicht, die so geliebte Morgenzigarette –
Ach, wenn ich bloß 'ne andre Sorte hätte;
Natürlich, ausgerechnet so ein starkes Kraut,
Und überhaupt – ich will nach Haus
In mein Bett!
Und mich ausstrecken
Unter gewohnten, geliebten, vertrauten Decken,
Und ich will meine Zahnbürste
Und meine Badewanne
Und meine eigene praktische Kaffeekanne,
Nicht dieses fremde, scheußliche Ding
Mit diesem ausgefallenen Muster,
Ausgerechnet 'ne Blume und ein Schmetterling,
Einfach verrückt!
Was hat denn der Junge da nur für Manieren?
Du lieber Himmel, so kann man sich irren?
Gestern abend war er doch wirklich scharmant,
Und heut ist er öd, scheußlich und unbekannt.
Ob denn das wirklich alles nötig ist –?!
Ach, das kommt nur daher,
Daß man immer wieder in Romanen liest,
Daß es so was wie Abenteuer gibt.
Und jetzt in die Lackschuh' hinein,
Die tun doch weh, sind eng und brennen,
Und überhaupt – ich mag nach Haus
In mein Bett und flennen!
Ich bin so verknautscht.

Ach ja, mein Liebling,

Am besten ist's, du rufst mal an

Und kommst dann auf ganz gemütlich zu mir.

Oliva drei drei null vier,

Wo hab' ich denn bloß die Telephonnummer her?

Ist das nicht die von Hedi Stehr?

Ach was, der Junge macht sowieso keinen Gebrauch
davon,

Wenn der anruft, laß' ich mich hängen,

Und überhaupt – wir wollen diese Nacht lieber
verdrängen!

Berlin, Bahnhof Friedrichstraße

Reisebekanntschaft

Eine halbe Stunde Aufenthalt – Bahnhofsrestauration,
Ein kleines Mädchen hat Anschluß gefunden an Vater
   und Sohn,
Der Alte liest Zeitung und läßt ihnen Zeit –
Die Jungen plaudern und philosophieren,
Man spricht von Remarque und Sigmund Freud,
Das nennt man heutzutage kokettieren.

Die Zeit ist um, und man muß Abschied nehmen,
Sein Zug fährt weiter – sie bleibt da –
Er muß sich plötzlich grundlos schämen,
»Es war sehr schön, es hat mich sehr gefreut –« o ja,
Er hätte ihr noch viel zu sagen –
Du bist so lieb – komm mit mir mit –
Doch er verbeugt sich hilflos und verlegen
Und stottert noch einmal: »Ich heiße Schmidt –«

Eine Frau überlegt

Ein Mann, – ein Mann, das ist das, wonach man sich
    immerfort und immer wieder sehnt.
Angefangen vom sechsten Lebensjahr ungefähr,
Da denkt man: Wenn's bloß Jung Siegfried wär'!
Ein Held muß es sein.
Und später: Klug muß er sein und womöglich auch treu,
Und noch später: Hübsch wär's, wenn er bißchen
    schüchtern wär' und scheu.

Und dann kommt er, und es ist so, wie man es immer
    erträumt:
Er ist ein Held!
Er ist der beste Mensch auf der Welt!
Und er ist ein Genie.
So verliebt wie jetzt war man überhaupt noch nie!

Und er ist ein Kind.
Manchmal muß man den Kopf über ihn schütteln.
Man muß ihn nehmen und bei den Schultern rütteln
Und sagen: Sei doch vernünftig,
Weil es sonst mal ein Unglück gibt.
Das ist der Moment, in dem man ihn am heißesten liebt!

Und er ist viel, viel besser als wir.
Man kann ihn verehren, und man kann zu ihm auf-
    schauen,
Und man kann ihm alles, alles anvertrauen.
Das, was noch nie ein Mensch erfahren,
Was uns gequält seit den Kinderjahren,

Er kann es verstehn.
Er kann ganz tief in unsere Seele sehn.

Und irgendwann, in irgendeiner Stunde,
Da sagt er ganz bestimmt, den Mund an deinem Munde:
Wenn ich dich mal verlassen wollte,
Das könnte nur geschehn, wenn ich irrsinnig werden
    sollte.
Und sonderbarerweise wird jeder einmal irrsinnig!

Und wär' es einer von den Allerbesten und einer von den
    Allertreusten,
Dann wird er doch mit derben, ungeschickten Buben-
    fäusten
Irgendwohin in deine Seele greifen,
Sicher dort, wo sie am empfindlichsten ist.
Und wenn du dann aufschreist und erschrocken bist;
Dann sieht er dich verwundert an:
Mein kleines Kind, hat denn das weh getan?

Das, das alles ungefähr, das ist ein Mann!

Lied der Stenotypistin

Wir müssen den ganzen Tag tippen.
Mit brennenden Augen und schmerzendem Rücken
Bestätigen wir Ihr Wertes vom Soundsovielten,
Das wir mit bestem Dank erhielten.

Wir haben nur eine Sehnsucht: auszurasten
Von des Tages ewigem Lärmen und Hasten,
Denn unser armes Hirn ist müd und leer,
Wir haben keine bessere Sehnsucht mehr.

Unsere großen, mutigen Gedanken
Sind gestorben in des Alltags Schranken,
Unserer Herzen große Zärtlichkeit
Ist gestorben in des Alltags Leid.

Auch wir würden verstehn,
Kostbare Kleider zu tragen,
Auch wir würden verstehn,
Zärtliche Worte zu sagen.

Doch wir erlauben uns, Ihnen mitzuteilen,
Daß wir uns hiermit beeilen,
Ihnen das gewünschte Offert vorzulegen,
Um mit Ihrem Vertreter nochmalige Rücksprache zu
    pflegen ...

Manchmal packt uns eine Sehnsucht
Nach der großen Leidenschaft,

Doch das kommt ja nicht in Frage,
Denn wir sind: eine perfekte Kraft.

Manchmal packt uns eine Sehnsucht
Nach kindischen Freuden, dumm und toll,
Doch wir erwarten Ihr Geschätztes
Und zeichnen ergebenst hochachtungsvoll ...

Fachschule für Maschinenschreiben

Das erfahrene Mädchen

Ich bin jetzt fünfundzwanzig Jahre alt
Und habe schrecklich viel erfahren,
Ich weiß, daß früher alles besser war,
So in den guten Achtzigerjahren.
Ich weiß, daß alle Menschen Brüder sind
Und daß wir gleich sind vor Gesetz und Recht,
Ein großer Maler war Herr Moritz Schwind,
Und die Dreigroschenoper schrieb Bert Brecht.

Ich weiß, daß Gottes Mühlen langsam, aber sicher
     mahlen,
Ich weiß, daß heutzutag' ganz andere Leut' auch keine
     Schulden zahlen ...
Ich weiß, daß arme Mädchen sitzen bleiben
Und nur die reichen kriegen einen Mann,
Ich weiß, daß wir jetzt das Jahr vierunddreißig schreiben
Und daß man gegen das Kinderkriegen was unter-
     nehmen kann.

Ich bin jetzt fünfundzwanzig Jahre alt,
Doch wenn du's niemand weitersagst:
Ich bin noch schrecklich klein.
Ich glaub' an Gott und an die große Leidenschaft,
Und daß der Himmel alles Böse straft,
Daß endlich wieder Frühling ist,
Daß du ein Mann mit starken Armen bist,
Daß unsere Liebe dauern wird für Zeit und Ewigkeit
In Gottes Namen
Amen.

Weißt du, was mich schrecklich kränkt?

Daß ich um deinetwillen nichts verlassen kann.
Keinen Vater, keine Villa, nicht mal einen Ehemann.
Ich wär' so gern eine Königstochter von kaum siebzehn
    Jahren.
Und ich würde täglich in der Kutsche fahren.
Diese Kutsche wär' aus purem Gold,
Und so käm' ich denn vorbei an der Kaserne,
Wo du stündest in meines Vaters Sold.
Und es träfen sich die Augenpaare, meine schwarz und
    deine grau,
Und ich sähe deine blonden Haare
Und verließe Vater, Reich und Krone,
Und am nächsten Tag schon wär' ich deine Frau.

Wenn ich wenigstens ein Filmstar wäre,
So ein richtiger Vamp aus Hollywood,
Für den Männer täglich sich erschießen,
Literweis' ihr Blut vergießen.
Eines Tages würd' ich auf ein Gastspiel
Kurz entschlossen an die Moldau ziehn,
Und die Leute schrien Bravo, Hoch und Bravo Lili Grün!
Eine tausendfache Menschenmenge sähe meiner An-
    kunft zu,
Und von all den Vielen, Vielen würd' ich einen nur
    erblicken:
Das wärst du!

Wenn ich allerwenigstens 'ne Dame der Gesellschaft
    wäre,

Groß und schlank und stadtbekannt,
Und ich säß' in meinem roten Auto blaß und interessant –
Kämst du dann auf meinen Wegen eines Tages mir
    entgegen,
Zum Entsetzen aller Menschenkinder
Ließ ich meinen Achtzylinder
Mitten auf der Straße stehen,
Um mit dir zu gehen!

Ach, wie gerne würde ich für dich fliehen
Über hohe Zäune mit zerriss'nen Schuh'n,
Doch wozu
Soll ein Mädchen
Ohne Anhang
So was tun?

Schüchterner Flirt mit dem vermummten Herrn

Ach, glaube nicht, ich dächte, man könnte dich bestechen!
Was hätt' es für einen Sinn, gerad' mit dir über das Leben
    zu sprechen.

Du ahnst ja nicht, wie schön es ist, von dieser Welt zu sein!
Es ist so schön, ins Kino zu gehn,
Um einen kitschigen Tonfilm zu sehn.
Schön ist es, im Gras zu liegen
Und zuzusehen, wie die Maikäfer fliegen,
Und es ist so lieb, wenn uns ein Mann in den Armen hält,
Und sein Mund, der uns küßt, ist die ganze Welt ...

Ich weiß ja doch, daß es dich einmal gibt.
Drum, wenn du kommst, komm nicht als Feind!
Fall' mich nicht tückisch von rückwärts an,
Komm nicht als Unfall in der Eisenbahn,
Komm nicht als Räuber aus dem Hinterhalt,
Und vor allen Dingen: komm nicht zu bald.

Und wenn du kommst, leg deine kühle Hand
Zuerst auf den Verstand.
Denn ich will von dir nichts wissen.
Und mit dem Herzen geh' ein wenig freundlich um,
Mach es nicht bös!
Es war, solang es lebte, schon nervös!
Und es war immerzu verliebt.
Es fürchtet dich und deinen kalten Kuß,
Und es wird nie verstehn,
Daß es dich geben muß.

Abschied von der letzten Saison

Ich tu' so allerhand in diesen letzten Tagen
Und tue doch fast nichts.
Ich gehe stundenlang spazieren,
Möcht' mich in fremden Straßen gern verirren.
Ich schreibe Briefe, die ich nie beende,
Sitz' faul am Kanapee und pflege meine Hände.
Ich bin nicht traurig und ich bin nicht froh,
Es geht mir eigentlich so, so ...
Wenn ich an dich und unsern Abschied denke,
So muß ich sachlich konstatieren,
Du hattest wirklich peinliche Manieren!

Wenn ich jetzt reich wär', würde ich verreisen.
Auf Reisen heilt die Seele aus,
Ich käm' verändert von den fremden Städten
Und brächte die Erinnerung an dich verändert mit nach
   Haus.
Was mir jetzt fehlt, das ist der eigene Wagen,
'ne schnitt'ge Limousine und das nötige Benzin,
Ohne Komfort läßt sich das Unglück schwer ertragen
... Ich bin so abgeklärt, daß ich mir selbst schon un-
   sympathisch bin.

Ach wie die Zeit vergeht. Jetzt haben wir September.
Im Juni, nicht wahr, war es aus?
Ich kränk' mich höchstens noch durch den Oktober,
Anfang November mach' ich mir nichts mehr daraus.

Der große Schmerz hat bereits nachgelassen,
Ich fühl' mich auch nicht mehr verpflichtet, dich zu
    hassen,
Ich denk' schon hie und da an einen andern Mann
... Und das ist das, was ich dir nicht verzeihen kann!!!

Junge Frau im Sportwagen Wanderer Roadster

Uralte Liebesmelodie

Wenn du mich einmal nicht mehr liebst,
Dann brauchst du's bloß zu sagen.
Ich werde dich nicht fragen:
Hast du 'ne andere lieb?
Wie sieht sie aus?
Am Ende gar, wie ist ihr Name?
Ich bleibe einfach Dame.
Ich stehe auf und sag' kein Wort,
Ich dreh' mich um und gehe fort,
Und niemand hört mich klagen.

Wenn du mich einmal nicht mehr liebst,
Dann spring' ich aus dem Fenster,
Dann komm' ich jede Nacht zu dir
Und bin gleich zehn Gespenster.
Und sing' dann dumpf und schaurig:
Du hast mich früh ins Grab gebracht!
Und das find' ich sehr traurig.
Pfui Teufel, Schande, große Schmach,
Denk' mal ein wenig drüber nach.

Wenn Du mich einmal nicht mehr liebst,
Dann werd' ich Kurtisane,
Ich färbe mir die Haare grün,
Die Lippen blau
Und bin auf diese Art: die interessanteste Frau!
So mach' ich alle Männer toll.
Ich denke mir das wundervoll.

Wenn du mich einmal nicht mehr liebst,
Dann fürchte keine Predigt.
Denn eh du es noch selber ahnst,
Daß du mich nicht mehr lieben kannst,
Bist du für mich erledigt.
Denn bis zum Tode bin ich dein,
Und noch im Grabe lieb' ich dich,
Doch wenn schon einmal Schluß muß sein:
Den, Liebling, mache ich!

Im Zimmer wird es langsam dunkel

Komm, bleib auf dem Sofa liegen!
Woll'n uns aneinanderschmiegen,
Du bist groß und ich bin klein,
Laß uns bißchen kitschig sein.

Draußen – weißt du – ist das ›Leben‹:
Alltagssorgen,
Heute – morgen – übermorgen,
Schulden zahlen – Schulden machen,
Industrien und Banken krachen.
Laß den Unsinn draußen sein,
Wir sind hier – wir sind allein.

Weißt du, wir sind kleine Kinder,
Haben uns im Wald verirrt,
Schmiegen wir uns aneinander,
Weil es kalt und dunkel wird.
Und die böse, böse Hexe,
Schrecklich drohend, furchtbar, schaurig,
Ernst, mein Freund, ich bin so traurig –
Ich bin klein und schrecklich dumm,
Ernst, nicht wahr, du bringst sie um?

Du hast einen großen Teppich,
Und wir setzen uns darauf,
Fliegen rasch zur Sonne auf,
Haben dort ein Rendezvous
Und sind auch gleich auf du und du ...

Komm, bleib auf dem Sofa liegen,
Glaube mir, wir haben Zeit.
Du bist groß und ich bin klein.
Wenn wir weggehn aus dem Zimmer,
Müssen wir erwachsen sein.

Ich möchte wieder achtzehn Jahre sein ...

Ich möchte wieder achtzehn Jahre sein
Und eine große Zukunft vor mir haben.

Ich möcht' in langen, lauen Sommernächten
Am Fenster stehen und nicht schlafen können
Und über mir den sternenklaren Himmel sehen
Und innerlich vor Sehnsucht fast verbrennen.

Und alles sollte sein, wie's damals war:
Die Blumen blühn im kleinen Vorstadtgarten,
Ich möchte auf das große Wunder warten,
Auf einen Mann, der mich durch seine Kühnheit
    fasziniert,
Der mich unendlich liebt ... und schließlich auch verführt!

Ich möchte wiederum ein Tagebuch,
In das ich täglich niederschreibe,
Was leider nicht geschehen ist,
Und das ich in der stillen Hoffnung führe,
Daß es vielleicht doch einmal einer liest.

Ich möchte wieder achtzehn Jahre sein,
Doch möcht' ich nicht, wie allzu Kluge meinen,
Das alles wissen, was ich heute weiß, o nein,
Da müßt' ich ja genau wie heute weinen ...

Ich möchte wieder achtzehn Jahre sein,
Als junges, ungeduld'ges Tier durchs Leben traben,
Ich möchte wieder achtzehn Jahre sein,
Doch möcht' ich viel mehr Glück als damals haben!

Wien, Mariahilferstraße am Gürtel

Frauen haben keine Vergangenheit

Wenn ein Mann auch noch so viel Frauen geliebt,
Er wird selbst nach langen Jahren
Fast jeder Frau eine Erinnerung bewahren
Und meist eine gute ...

Das Herz der Frau ist ohne Gedächtnis.
Und wenn sie nach Einsamkeit und Enttäuschung
Einen Freund gefunden,
Ist alles, was war, ihrer Erinnerung entschwunden,
Und sie wird fragen:
Was ist das, ein Kuß?

Du nennst ihr Namen,
Du nennst ihr Daten:
Sie weiß nichts mehr, nichts mehr ...
Sie hat alles für den Einen, den sie jetzt liebt,
Verraten.

Der Mann ist nach der fünften Frau meist routiniert.
Die Frau sagt dem dreißigsten Spielkameraden:
»Ich habe mich neunundzwanzigmal ja geirrt!«
Und sie wird auch hundert Irrtümer gerne vergessen.
Wenn du es verstehst ...

Sie ist ja so gern monogam,
Wenn man – sie läßt!

Weihnachtsvorbereitung einer Junggesellin

Am 24. Dezember
Will ich zeitig schlafen gehn.
Ich bin allein und arm und klein,
Es schenkt mir keiner was,
Es lädt mich niemand ein.
Soll ich verlassen
Im leeren Kaffeehaus sitzen
Bei schalem Kaffee
Und längst gelesenen Witzen?
Ich pumpe mir 'nen Kriminalroman,
Und pünktlich sieben Uhr kriech' ich ins Bett
Und fang' zu lesen an.
Soll ich mir selbst ein Bäumchen kaufen
Mit allem drum und dran?
Was nützt es denn:
Ich denk' an dich und ans vergang'ne Jahr,
Und wie es damals war,
Und fang' zu weinen an ...
Ach was, laß nur dies vierunddreißig erst zu Ende gehn:
Silvester, das ist klar,
Silvester will ich tanzen gehn,
Silvester soll die Welt mich sehn,
Silvester geh' ich richtig aus
Und suche mir für fünfunddreißig
Von allen netten Männern
Den Allernettesten aus!

Notschrei einer allzu Braven

Ach, ich geh' mir selber auf die Nerven,
Weil ich gar so artig bin,
Und voll unentwegter Pflichterfüllung
Steck' ich stets in meiner Arbeit drin.

Niemals tu' ich einen Schritt vom Wege,
Nicht einmal in meinen Träumen hintergeh'
Meinen Mann ich, und die Leute sagen,
Daß man so was nur begeisternd finden kann.

Doch dies ew'ge Schulterklopfen
Find' ich unerträglich und gemein,
Und ich fleh' zum blauen Sommerhimmel:
Herrgott, laß mich einmal anders sein!

Laß mich tolle Kapriolen schlagen,
Laß mich lasterhafte Dinge sagen,
Laß mit angeklebten Wimpern
Meine Äuglein herzlos klimpern,
Laß mich faul auf meinem Diwan liegen
– Und in diesem Zeichen – Herrgott –
Laß mich siegen!

Niemand kann sich selbst entrinnen,
Brav bleibt brav und schlimm bleibt schlimm –
Und die andern sind die Schlimmen –
– Wenn ich noch so neidisch bin!

Man kann so tun ...

Man kann mit unerhörter Energie sich in die Arbeit
   stürzen,
Denn Arbeit ist, wie jeder weiß,
Die allerbeste Medizin.
Man kann mit ungeheuer klugen Mienen sprechen:
Es gibt wahrhaftig Wichtigeres als ihn.

Und man kann stundenlang Gespräche führen
Mit Leuten, die uns fremd sind und egal.
Man kann mit einem halben Dutzend Männern
   kokettieren,
Zu guter Letzt ist alles peinlich und fatal.

Man kann den Mund an fremde Lippen pressen,
Man kann versuchen, in den Armen eines anderen zu
   vergessen.
Das Resultat ist leider bloß, daß man sich doch an ihn
   erinnern muß,
Denn nichts ist schlimmer für gebrochene Herzen als ein
   fremder Kuß.

Man kann sich selber auf die Schulter klopfen
Und zu sich sagen: »Na siehst Du, Kind, es geht ganz gut,
Was kann uns schließlich viel passieren,
Wenn wir nur etwas nicht verlieren,
Und das ist der Verstand und noch ein bißchen Mut.«

Man kann so tun, als ob schon alles ganz in Ordnung
   wäre,

Nur eines stört und das ist, daß man nachts nicht
    schlafen kann
Und daß man weinen muß, so schrecklich weinen,
Als gäb' es auf der ganzen weiten Welt nur einen,
Nur den Einen!

Lied einer Ehefrau

Immer bist du schlechter Laune,
Selten bist du nett zu mir.
Höflich bist du nur zu anderen Frauen,
Zu mir kommst du mit gefurchten Augenbrauen
Und den Sorgenfalten auf der Stirn.

Alles tu' ich, um dir zu gefallen,
Seh' die Welt mit deinen Augen an.
Ich bin Wachs in deinen Händen,
Du bleibst fremd und fern,
Du bist ein Mann.

Manchmal legst du deine Hand auf meinen Scheitel,
Und ich sehe deine Augen über mir,
Und mein Herz droht fast zu brechen,
Und ich denke mir, jetzt wirst du sprechen,
Doch die Worte, ungesprochen,
Bleiben in dir.

Wie du lachst und wie du lärmst,
Wie du tobst und wie du schwärmst,
Wissen alle andern.
Doch dein Antlitz, gramerfüllt,
Wie es Gott erschuf nach seinem Ebenbild,
Deine Seele, hilflos, zart und kinderrein,
Kenn' nur ich allein.

Gespräch vor meinem Spiegelbild

Manchmal kommt es vor, daß ich erschrecke
Und ich eil' zu meinem Spiegel hin,
Staunend blick' ich mir daraus entgegen,
Ist es wahr, daß ich erwachsen bin?

Bin ich nicht noch gestern abend Kind gewesen?
Durfte in den Märchenbüchern lesen?
Bin auf meiner Mutter Schoß gesessen,
Hab' aus einem bunten Tellerchen gegessen,
Hab' von allen Engelchen geträumt,
Wiesenblumen haben meinen Weg umsäumt,
War ein ungezog'nes, braves, liebes, gutes Kind.
Bin im Prater schreiend Karussell gefahren,
War das wirklich vor so langen Jahren?

Ach, ich hab' gelernt zu resignieren,
Liebe, Glauben, Hoffnung zu verlieren.
Hab' gelernt, mich anzupassen.
Zu beneiden und zu hassen,
Grau und trostlos ist das Heute ...
Ja, aus Kindern werden Leute!

Wien, Prater

GESCHICHTEN

Glückliche Ehe

Frau Helene langweilt sich. Sie langweilt sich schrecklich. Ich will damit nicht sagen, daß sie ihren Mann nicht mehr liebt oder daß sie all seine unerhörten Vorzüge nicht mehr zu schätzen weiß. Ach ja, er ist treu, lieb und gut, er ist vorurteilslos und taktvoll. Sie hat sich nämlich seinerzeit verpflichtet gefühlt, ihm beinahe alles zu erzählen. Er hat nicht ein Wort des Vorwurfs gefunden und beinahe eine ganze Stunde lang erklärt, daß man darüber kein Wort verlieren darf. So seine Ansicht über ihre Vergangenheit. Anders ist das natürlich mit der Gegenwart und Zukunft. Da konnte er, der so Sanfte und Nachgiebige, furchtbar werden. So ist Karl! So edel, so gut, so rein. Helene weiß das. Sie schätzt es auch. Aber sie langweilt sich. Sie langweilt sich dermaßen, daß sie sehr spöttisch ihren Karl fragt, ob man unbedingt eine halbe Stunde dazu brauchen muß, um Susanne das Haustor aufzusperren. Karl verbietet sich das aber sehr ernstlich. Das ist ja heller Blödsinn. Er beleuchtet diesen lächerlichen Verdacht von allen Seiten und findet nicht genug ernste und gemäßigte Worte, um sie von der Unsinnigkeit ihres Geredes zu überzeugen.

Nun gut, man kann mit Karl eben nicht streiten. Es geht nicht. Man muß weiter glücklich verheiratet sein. Auch für Karl ist die Sache erledigt, und er hält einen kleinen Vortrag über den Nachwucher. Er ist nämlich Jurist und geht in seinem Beruf auf. Haben Sie eine Ahnung, was der Nachwucher ist? Ich auch nicht, aber das macht nichts. Wir müssen ja nicht zuhören. Aber die arme

Helene zerbricht sich vergeblich den Kopf, wie man von diesem Thema abkommen kann. Als man sich kennengelernt hat, hat er nicht vom Nachwucher gesprochen. »Ihren Blick möchte ich mit nach Hause nehmen«, hat er zärtlich geflüstert, und sie hat impulsiv, kindlich und unberechenbar, wie sie eben ist, geantwortet: »Nur meinen Blick?«

Eines Tages sagt die Freundin Susanne: »So geht's aber nicht weiter. Morgen gehen wir tanzen. Du mußt dich ablenken. Du mußt dich zerstreuen. Das wird dir guttun.«

Karl erklärt, daß er gegen dieses an sich harmlose Vergnügen nichts einzuwenden habe. Diese Erklärung dauert eine halbe Stunde.

Helene ist selig, Helene ist wie neugeboren. Man hat endlich wieder Komplimente gehört. Dumme, nicht ernst zu nehmende Komplimente, aber immerhin ... Hat man denn in seiner glücklichen Ehe nicht schon ganz vergessen, daß man gefährliche Augen hat und einen lasterhaften Mund? Das bißchen Jugend vergeht so rasch, und von nun an geht Helene jeden Donnerstag tanzen.

Helene hat einen Flirt. Er ist groß, brünett und schlank. Er ist charmant, geistreich und elegant. Vielleicht ist er auch ein bißchen frech, aber das macht nichts. Er küßt Helene zärtlich die Hand und flüstert: »Heute werde ich die ganze Nacht von Ihren Augen träumen!« Und Helene, unberechenbar, impulsiv und kindlich, wie sie eben ist, antwortet: »Nur von den Augen ...?«

Helene hat ein schlechtes Gewissen. Es ist schrecklich, eine Frau zu sein, die ihren Mann betrügt. Karl hat ihr versprochen, daß er furchtbar ist in seinem Zorn. Ahnt er nicht schon?

Er schneidet eben sein Fleisch und fragt: »Nun, was gibt es Neues, mein Kind?« Ist da nicht Ironie in seiner Stimme, Mißtrauen, verhaltener Zorn? Helene wagt es nicht, ihn anzusehen. Aber Gott sei Dank, er wartet keine Antwort ab und spricht schon vom Angestelltengesetz.

Nein, es geht nicht! Es ist nicht länger auszuhalten!

So einen guten, braven Mann, der wahrhaftig andere Sorgen hat, als von ihren lasterhaften Augen und ihrem gefährlichen Mund zu blödeln, betrügt man nicht. Sie liebt nur ihren Karl und will ihn nicht länger belügen. Außerdem ist es so gemein von Egon, sie immer so lange warten zu lassen. Nein, sie hat genug! Ihr reiner, wahrheitsliebender Charakter verträgt diesen Zustand nicht. Schluß. Aus. Adieu.

So schrieb sie ihm den Abschiedsbrief. Sehr geistreich, mondän, aber doch sehr nett und auch ein bißchen wehmütig. Das war ja alles ganz gut, wenn sie nicht ausgerechnet diesen Brief verlieren müßte und ausgerechnet Karl ihn finden. Diesen Brief, nachdem er ein halbes Jahr lang vollkommen ahnungslos geblieben war.

Nun wird etwas Furchtbares geschehen, denn sein beleidigtes Ehrgefühl kennt keine Grenzen. Es kann sehr leicht werden, daß er sie sogar erwürgt. Bis jetzt hat er noch keine Worte gefunden. Er ist wie erstarrt. Helene steht beim Fenster und wartet auf sein furchtbares, aber gerechtes Urteil. Wird er sie prügeln? Wird er sie töten?

Was aber geschehen wird, Helene ist bereit, sich ihm zu Füßen zu werfen und seine Verzeihung zu erflehen. Und so wartet sie mit Todesangst im Herzen und einer ganz kleinen, heimlichen Freude.

Da hebt Karl endlich den Kopf und sagt: »Komm doch endlich zu Tisch, Kind! Das Schmollen hat doch keinen Sinn …!«

Talentlose Männer

Ich weiß nicht, war das immer so oder ist das erst, seit ich erwachsen bin und mir darüber Gedanken machen muß?

Es gibt keine Liebhaber. Die Männer sind gleich so schrecklich verheiratet. Wenn man glaubt, daß alles ganz geheimnisvoll und neu ist, ist bei so einem Mann gleich am nächsten Morgen: »Alle Tage«! Oder wenn man mitten im schönsten Streiten ist und sich gerade furchtbar aufregen will, nimmt er die Zeitung und sagt: »Gut, du hast recht, aber ich bitte dich, gib' jetzt Ruh', hör' schon endlich auf!«

Da kann man wirklich nur weinen, ins andere Zimmer gehen und unverstanden sein.

Und wenn man gern mal was Nettes hören möchte, so über hübsche Augen oder Beine, die man selbst hat, nicht immer von dem weißen Teint der H. (als ob mein brauner nicht viel interessanter wäre), dann heißt es gleich: »Den Hof mußt du dir von anderen Männern machen lassen. Du weißt schließlich am besten, was ich alles im Kopf habe. Daß ich dich liebhabe, mußt du auch so merken. Denn warum sollte ich sonst bei dir bleiben? Es zwingt mich ja keiner dazu!«

Oder man will sich mal ein bißchen bitten lassen. So eben weil man dazu aufgelegt ist, und überhaupt. Dann sagt so ein dummes Mannsbild: »Wenn du mich nicht mehr magst, dann sage es gleich! Bin ich dir nicht mehr schön genug? Hast du einen andern im Kopf? Du weißt, man kann sich über alles im Leben aussprechen. Aber Theater und Szenen vertrag' ich nicht!«

Ja, aber so sind sie alle! Das sind nicht nur meine Erlebnisse. Fragen Sie doch bloß ein bißchen herum! War das immer so?

Berlin, Friedrichstraße Ecke Unter den Linden

Wir sind eifersüchtig

An irgendeinem Nachmittag im Mai in irgendeiner Straße im Westend saß Hedwig bei ihrer Freundin Lisl und sollte sie trösten. Das ist wahrhaftig kein leichtes Amt! Lisl hatte den Kopf in Hedwigs Schoß gelegt und weinte herzzerreißend! »Und weißt du, was das Ärgste ist an der Sache, daß ich ihn mir seinerzeit nur genommen habe, um mich über Ludwig zu trösten!« Wenn Hedwig jetzt die Wahrheit sprechen sollte, dann müßte sie antworten: »Das ist ja das Tragische, deswegen kann die Sache ja nie zu einem gedeihlichen Ende kommen! Um uns über Ludwig zu trösten, nehmen wir Hans, und wenn Hans uns verläßt, nehmen wir Peter, und wenn Peter uns enttäuscht, Oskar, und so geht es immer weiter, und zum Schluß heißt das dann alles zusammen: Liebe!« Aber Hedwig sagte nichts, nichts von alledem, sondern flüsterte nur hauchzart: »Er wird es schon bereuen!« Lisl wußte es leider besser. »Bestimmt nicht. Mit solchen Frauen werden die Männer glücklich! Merk es dir!« Hedwig versprach, es sich zu merken, aber sie wollte wissen, warum. »Kennst du sie denn?« »Ja, leider – ja ...«

Wie gut, wie schön wäre es doch, wenn man jetzt von Herzenslust über die andere losziehen könnte, über ihren schlechten Charakter, ihre häßlichen Beine, ihre lächerlichen Manieren, wie schön, wie erleichternd wäre es. Aber Lisl wußte leider zu gut, was sie sich als moderne Frau mit Niveau schuldig war, und so sagte sie nichts dergleichen, sondern begann sehr düster: »Sie ist ein sehr einfacher Mensch.« (Wenn sie jetzt nur ein bißchen gehässig hätte sein dürfen, hätte sie wenigstens primitiv gesagt.) »Ich glaube ja nicht, daß sie als Frau besondere Qualitäten hat, aber du irrst dich, wenn du glaubst, daß die Männer allzu großen Wert darauf legen. Er wird ihr in jeder Beziehung überlegen sein, und schon dadurch allein wird sie ihn glücklich machen. – O, weißt du, sie ist sicher in jeder Beziehung ein sehr phantasieloser Mensch, aber dadurch ist sie ja so wundervoll klar und verläßlich, so harmonisch!« Lisl sprang aufgeregt auf und rief laut schluchzend weiter: »Ja, sie wird sich ihm anpassen, restlos unterordnen, was ich nie gekonnt habe, nie konnte ich meine Individualität verleugnen – – ja, sie wird ihn glücklich machen, bestimmt wird sie das! Ich glaube, man kann ihm gratulieren!«

An demselben Nachmittag saß in irgendeiner Straße in Wilmersdorf Harry bei seinem Freund Egon und sollte ihn trösten. Bei Männern ist das ein noch viel schwierigeres Amt, und so sagte Egon ohne jede Vorbereitung: »Kennst du den Kerl?« Männer haben es heutzutage wirklich leichter. Sie haben sich noch kein Niveau ausgedacht, an dem sie festhalten müssen. Egon sah düster vor sich hin und sagte dumpf: »Ja, leider!« – – »Leider?« – – »Leider – –! Wenn ich ihn nicht kennen würde, wäre die Sache nicht halb so schlimm. Ich könnte glauben, daß sie einen Mann liebgewonnen hat, einen Menschen! Es ist quälend, hörst du, quälend, daß es dieser Zuhälter ist, dieser Lümmel ohne Geist und Verstand, ohne Manieren, ohne Interessen, dieses brutale Schwein, das nichts ist als ein Mann! Er wird sie glücklich machen! Er wird sie weder lieben noch verstehen. Denn er hat kein Herz und kein

Hirn, aber sie wird ihn anbeten! Er wird ihr nichts zu sagen haben, und sie wird ihn deswegen für einen Helden halten – und mich, weißt du mich, wird sie für einen Schwächling erklären, weil ich mir gestattet habe, nicht nur ein Mann, sondern auch ein Mensch zu sein!« – – Egon sprang auf und lief aufgeregt zum Fenster, um Harry den Rücken zu kehren. – –

»Ich glaube, du kannst mir kondolieren, ich habe sie wirklich liebgehabt, das kleine Luder!«

Tagebuch

Keine Zeit

Ich möchte so schrecklich gerne wissen, wie das früher war, als es nach Aussagen einiger maßgebender Persönlichkeiten noch Menschen gab, die Zeit hatten! Heute kenn' ich nur noch Leute, die mich furchtbar verachten würden, wenn ich es wagen würde, anzugeben, daß ich manchmal Zeit habe oder zumindest mir die Zeit suche, aus dem Fenster zu sehen und ein bißchen zu träumen, ziel- und planlos spazierenzugehen oder ähnlichen Unfug zu treiben. Ein Mensch, der nicht gehetzt, gejagt, übernervös und stets unausgeschlafen ist, hat keinen Chic, kein Format und keine Existenzberechtigung! Man hat nur noch zu etwas Zeit und zwar zu Telephongesprächen, aber dazu hat man sehr viel Zeit! Wenn man heutzutage einen Freund hat, und man hat meistens einen Freund, wird man von diesem nicht gefragt: »Wann seh' ich dich morgen?«, sondern er ruft um halb elf Uhr an, um zu fragen: »Wo kann ich dich um drei Uhr telephonisch erreichen?« Am Anfang der Freundschaft, solange man noch über seine Liebe spricht, geht das ja ganz gut, aber später, aber später, wenn man bereits streiten muß und auch das nur telephonisch kann, wird das wirklich tragisch. Wenn man beispielsweise mit der Stimme zittert, wird man umständlich gefragt: »Weinst du?«, und man muß unpoetischerweise »ja« sagen. Dabei erinnere ich mich genau, wie wirkungsvoll es immer ist, zwei stille Tränen über die Wange rinnen zu lassen. Und um wieviel leichter war es doch, einem Mann seine Untreue anzusehen, als sie ihm anzuhören! Aber dies alles geht einfach nicht anders, denn es gehört zum guten Ton, daß seine Arbeitszeit der ihren so entgegengesetzt wie möglich ist! Wenn sie unter Tags studiert, dann ist er bestimmt Nachtredakteur, und wenn sie abends im Kabarett auftritt, dann ist er mit tödlicher Sicherheit Gymnasialprofessor und muß um sieben Uhr morgens aufstehen. Und wenn sie den ganzen Tag im Bureau ist, dann ist er Schauspieler, hat sonderbarerweise ein Engagement und keinen Abend Zeit! Auf diese Weise gibt es eben keine Liebespaare mehr, sondern nur noch erotische Telephongespräche! Aber wenn man bedenkt, wie sehr ich mich immer auf meine lieben, kleinen Enkelkinderchen gefreut habe! ...

Die ersten Tage

Das sind die ersten Tage einer neuen Liebe. Wir gehen umher, und alles was geschieht, ist ein Gruß von ihm. Wir sehen im Kalender einen verstaubten, biederen Vers und lächelnd fällt uns eine Episode unserer Kindheit ein. Die Gouvernante, die Augengläser trug und einen Bräutigam hatte, der irgendwo in Afrika Forscher war, sammelte solche Verse. Sie trug sie mit ihrer schönsten Handschrift in ein blaues Schulheft ein, und wir Kinder waren eifrig bemüht, ihr solche Verse zu bringen, um sie bei guter Laune zu halten. Diese kleine Geschichte ist furchtbar wichtig, denn wir haben sie ihm noch nicht erzählt. Und so ist plötzlich das ganze Leben geworden. Man muß ihn dringend fragen, ob er auch Margueriten so liebt – und ob er auch bei der Andersen-Geschichte von der Schneekönigin hat so furchtbar weinen müssen und ob überhaupt kleinen Jungens ihre Mädchen so wichtig sind wie den kleinen Mädchen. Der ganze Tag ist nur da, um zu vergehen, bis es endlich, endlich halb sechs wird. Und auf einmal fällt uns ein, wie er gestern abend gelacht hat –, und wir wissen, daß es eben dieses Lachen ist, nach dem wir uns ein ganzes Leben gesehnt haben. Genau dieses Lachen hat uns gefehlt bei Henrik, bei Peter, bei Kurt. Alle und alles mußten wir verlassen auf der Suche nach diesem Lachen. Oder ist es noch mehr der kleine, traurige Zug bei den Augen? ... Jedenfalls haben wir es endlich gefunden, diese Augen, dieses Lachen. Es kann nun nichts mehr Böses geschehen in der Welt. Das sind die ersten Tage einer neuen Liebe.

Sein schlechter Ruf

Heinz wollte sich ein paar Wochen von allen Weibergeschichten gründlich erholen. Heinz hatte ewig Weibergeschichten, denn er war ein Meter dreiundachtzig groß, trug eine Brille und war schüchtern. Selbstverständlich sagten alle, er sei arrogant, und das reizte die Frauen zum Widerspruch. Und diese vielen Widersprüche hatten aus Heinz im Laufe der Jahre einen Wüstling gemacht.

Und jetzt wollte er sich einmal erholen, und so fuhr er auf Wintersport. Auch Lotte fuhr auf Wintersport. Sie hatte sich streng jeden Anstandswauwau verboten. Die unvernünftigen Eltern wollten lange Zeit nicht einsehen, daß ein junges Mädchen sich selbst der beste Schutz ist, aber dann gaben sie doch endlich nach. Und so trafen sich die beiden, die Lotte und der Heinz. Beim Wintersport. Lotte kannte seinen Namen längst aus Berlin. Natürlich. Bei Gerty hatte sie sein Bild gesehen. Gerty war mal wegen ihm vorübergehend ins Wasser gegangen, und bei Agnes hatte sie seine Briefe gelassen. Und jetzt mußte er ihr hier in die Arme laufen. Na, dem wollte sie's zeigen, diesem arroganten Lausbuben. Sie würde ihm nicht hineinfallen, nein, gottlob, sie war hergekommen, um Wintersport zu treiben, um ihre junge Seele und ihren Körper zu stählen und zu stärken und nicht um zu flirten. Und überhaupt, sie wollte sie alle rächen, die Annys, die Agnes', die Gertys, und wie sie eben hießen.

Auch Edith fuhr auf Wintersport. Auch sie kam allein. Aber sie schien jemanden zu erwarten. Sie sah jeder Post mit fieberhafter Spannung entgegen, bekam Telegramme und führte stundenlange Ferngespräche. Bald schien sie unendlich glücklich, bald verzweifelt, manchmal ganz und gar melancholisch und tieftraurig. Kurz, es schwebte so etwas wie ein Geheimnis um diese blonde, sehr schöne Frau. Bei Tisch saß sie neben Lotte, also gerade Heinz gegenüber, den sie weder zu kennen noch zu bemerken schien.

Lotte hatte es Heinz bereits gründlich gezeigt, wie wenig ihr sein arrogantes Benehmen imponieren konnte. Als er noch immer keine Notiz von ihr nahm, hatte sie ihm eines Tages kurz und bündig eröffnet, daß sie sehr viel von ihm wußte, ja vielleicht mehr, als ihm recht sein konnte. Aber er hatte bloß genickt und getan, als ob dies selbstverständlich wäre. Im übrigen fand Lotte Frau Edith ungeheuer interessant, und wenn sie, Lotte, bloß um ein paar Jahre jünger wäre, würde sie wahrscheinlich für Edith sogar schwärmen. Heinz nannte sie daraufhin ein kleines, liebes Dummchen und gab ihr einen Kuß. Das war nun eigentlich gegen jede Verabredung, denn Lotte hatte doch die anderen rächen wollen. – –

Als Lotte die ganze Nacht von diesem Kuß träumen mußte und des Morgens sehr unglücklich erwachte, wurde es ihr mit einem Schlage klar, daß in Heinz ein Dämon steckte, daß er unwiderstehlich war, daß es kein Entrinnen gab, für keine, auch für sie nicht, für die kleine, dumme Lotte. Hier hieß es handeln, und man konnte nur eines machen: fliehen! Fliehen vor ihm! Denn sonst würde, nein mußte sie eines Tages, von einer unwiderstehlichen Macht getrieben, zu ihm gehen und mit der selbstverständlichen, schlichten Größe einer liebenden Frau sagen: Da bin ich! – Das wußte sie jetzt. Und er wußte es sicher schon lange. Also gab es nur eines: fliehen! Aber nicht wie ein Feigling, nein, offen und ehrlich als besiegter Feind die Niederlage eingestehen und um Schonung bitten. Natürlich schriftlich. Alle Frauen schreiben in solchen Situationen Briefe, besonders wenn sie in Deutsch immer »sehr gut« hatten, wie das bei Lotte der Fall war. Es war nicht anders möglich, so ein rührend einfacher, herzzerreißend aufrichtiger Brief konnte unmöglich seine Wirkung verfehlen.

Heinz saß im Schreibzimmer und langweilte sich tödlich. Die kleine Lotte war nicht zum Abendbrot gekommen, sie war angeblich krank, die illustrierten Blätter waren alle aus dem vorigen Jahrtausend, und kein Mensch kam ins Schreibzimmer, der gleich ihm Sehnsucht nach einem kleinen Flirt oder einer kleinen Tarockpartie hatte. Endlich kam doch einer: Edith. Sie hatte es im Zimmer nicht mehr ausgehalten, sie mußte sprechen, egal mit wem. Bloß nicht mehr nachdenken müssen. Und so setzte sie sich zu Heinz und las »Das Leben«. Es dauerte fast eine halbe Stunde, bis es ihr gelang, ein Gespräch einzuleiten. Edith dachte: ›Wie jung er ist – wie entzückend jung – George ist ein Lump – ich will ihn nie wiedersehen.‹ Die Tränen traten ihr in die Augen, und sie senkte den Blick und deutete stumm auf irgendein Bild. Heinz beugte sich pflichtschuldigst darüber, und ihre beiden Köpfe stießen zusammen. »O Pardon«, flüsterte Heinz und rührte sich nicht. ›Wie jung er ist, wie entzückend jung‹, dachte Edith, und sie schloß die Augen, in denen noch immer die Tränen um George standen, und küßte Heinz lang, lang und immer wieder.

Sie küßten sich immer noch, als Lotte die Tür aufmachte, um Heinz einen dicken Brief zu bringen. Einen Moment lang stand sie wie erstarrt, dann ging sie langsam und sehr leise auf ihr Zimmer zurück. Sie setzte sich auf ihr Bett und schüttelte immerfort den Kopf und konnte es einfach nicht fassen. Also auch sie, die Stolze, Unnahbare, Geheimnisvolle. Es war schon so, ein Dämon steckte in ihm, ein furchtbarer, geheimnisvoller Dämon.

Als Heinz spät nachts in sein Zimmer kam, saß ein kleines, sehr verweintes Mädchen auf seinem Bett. Er trat erstaunt näher, und sie stand langsam auf und sagte, die dunklen Augen demütig auf ihn gerichtet, mit der ganzen, selbstverständlichen, schlichten Größe einer liebenden Frau: »Da bin ich!«

Fata Morgana

Den Menschen, denen man vor acht Uhr morgens in der Straßenbahn begegnet, kann man ihre Sorgen und Gedanken viel leichter vom Gesicht ablesen als denen um zwölf Uhr mittags oder um drei Uhr nachmittags.

Da ist Elly – wir kennen sie alle. Sie hat mit Müh und Not durchgesetzt, daß sie studieren darf. Jetzt steht sie vor der Matura und sieht langsam ein, daß sie nicht Ärztin werden kann. Das Studium ist zu teuer. Sie sitzt klein, schmal und unterernährt, in ihrem unmodernen Wintermantel in die Ecke gedrückt, und rechnet krampfhaft nach. Tante Emma, Onkel Josef und Onkel Paul haben also doch recht gehabt. Sie wird eben ... Ja, was wird sie eigentlich?

Auch Frau Müller rechnet. Sie ist die sechzigjährige Proletarierin, die noch immer in die Bedienung fährt, – die Tochter ist arbeitslos – der Sohn ist arbeitslos – der Schwiegersohn ist arbeitslos. Wenn man nur ein Geschäft pachten könnt' – irgendeine Summe besitzen, mit der sich die Kinder eine neue Existenz gründen könnten. Die Tochter ist außerdem lungenkrank. Sie müßte mal weg. Drei Monate sagt der Arzt. Drei Monate Luftveränderung und eine Mastkur. Aber wie soll man das machen, wenn man in keiner Krankenkasse ist? Drei Monate Luftveränderung und Genesung für ihre Tochter kosten ...

Auch Herr Huber rechnet. Er ist der kleine Geschäftsmann, der seinen Kommis entlassen mußte, weil er ihn nicht mehr bezahlen kann. Man müßte was auf Reklame riskieren können. Reklame ist heutzutage alles. Man müßte auch das Geschäft bißchen renovieren lassen – bißchen vergrößern – ein bißchen mehr Aufmachung ... O, man müßte sich noch lange nicht unterkriegen lassen von den schlechten Zeiten, wenn man bloß noch bißchen was riskieren könnte. Ein neues Leben müßte man anfangen – trotz der fünfzig Jahre, die man schon auf dem Buckel hat, – trotz der vergrämten, weinenden, früh gealterten Frau zu Hause. Aber ein neues Leben kostet ...

Auch Poldi würde rechnen, wenn sie nicht momentan anderweitig beschäftigt wäre. Poldi, die kleine Kontoristin, ein bißchen blutarm – ein kleiner Spitzenkatarrh und ein hellgetönter Lippenstift. Sie sehnt sich nach Eleganz, nach der großen Welt, Guerlain-Parfüm und Willy Fritsch. Sie ist zwanzig Jahre alt und macht täglich bei einem Rechtsanwalt unbezahlte Überstunden. Sie rechnet jetzt nicht, weil sie mit ihrem Gegenüber – mit Fritz – kokettiert, der im Profil, wenn er ein wenig den Kopf senkt und dazu lächelt, beinahe Willy Fritsch ähnlich sieht.

Aus diesem Grunde rechnet Fritz momentan auch nicht. Er ist abgebauter Bankbeamter und will sich heute mit einer Empfehlung bei einer neuen Firma vorstellen. Sein Wintermantel ist schon sehr schäbig, auch seine Schuhe machen ihm große Sorgen, aber momentan drückt ihn das nicht, weil ihm die Poldi sehr gut gefällt.

Bei der Bellaria steigt ein neuer Fahrgast ein. Eine große, blonde Frau. Herrn Huber gefällt sie sehr gut. Sie hat ein glattes, hübsches, faltenloses Gesicht und sieht aus, als ob sie noch nie im Leben geweint hätte. Fritz findet sie zu dick, aber Poldi ist von ihrem Flirt ein wenig abgelenkt, denn die Dame ist elegant ... und hat ein Parfüm ...!

Und siehe da, auch die Dame rechnet. Bloß ein wenig anders als die übrigen, denn sie nimmt aus ihrer Tasche ein Kuvert ..., ein gewöhnliches, blaues Geschäftskuvert, und zählt Geld! ›Hundert-Schilling-Scheine‹, denkt Herr Huber. ›Wozu zählt sie das in der Tramway? Geld zählt man zu Hause. Dumme Gans! Aber eine hübsche Person, eine fesche Frau.‹

›Eins, zwei‹, zählt Poldi, ›mein Gott, zweihundert Schilling. Fast zwei Monatsgehälter, ein Wintermantel hundertfünfzig Schilling, der ist aber schon ganz modern und sehr nobel, ein Paar neue Schuhe dreißig Schilling, ... dreihundert, vierhundert, das wäre ja schon ein Pelzmantel.‹

Fritz hat ähnliche Gedanken. ›Ein Anzug, sehr dringend nötig, ein Wintermantel ... Du lieber Gott, man kann doch nicht ewig wie ein Bettler herumlaufen. Man war mal ein gut angezogener, fescher Bursch, und jetzt? Seit drei Jahren ohne Arbeit. Und diese Person zählt hier Hundert-Schilling-Scheine, als ob es das Selbstverständlichste von der Welt wäre.‹

›Fünfhundert, sechshundert, siebenhundert ...‹, Frau Müller zählt beinahe laut mit. ›Ob man die Mitzi mit siebenhundert Schilling schon wegschicken könnt'? Achthundert, neunhundert, tausend Schilling! So viel Geld auf einmal gibt's! Das wäre schon eine kleine Kaution, das tät' schon reichen, damit könnte man eventuell ...‹

Herr Huber ärgert sich furchtbar. ›Wie kann man bloß vor einem Dutzend fremder Menschen so viel Geld zählen. In diesen Zeiten!‹

›Tausendeinhundert, tausendzweihundert‹, Elly hat wahnsinniges Herzklopfen, ›tausenddreihundert, tausendvierhundert, tausendfünfhundert ... zwölf Semester Medizin!«

Schwarzenbergplatz!

Gott sei Dank, diese blonde, üppige Fata Morgana verläßt den Wagen. Als ob sie nur hierher gefahren wäre, um ihr Geld zu zählen, klappt sie ihr Handtäschchen zu und steigt aus und nimmt alles, alles mit: Wintermantel, Milchgeschäft, Studium, eine große Karriere und ein rosiges Gesicht, das so aussieht, als ob es noch nie geweint hätte!

Wien, Schwarzenbergplatz

Sieben Jahre Fegefeuer

Als der Hofrat Ypsilon gestorben war, überlegte er auf seiner Fahrt durch den Weltenraum, daß im Himmel wahrscheinlich eine Unordnung ohnegleichen herrschen würde und daß es die höchste Zeit wäre hinaufzukommen, um Ordnung zu machen. Es berührte ihn daher sehr angenehm, sehr angenehm, als er ein durchaus anständiges Bürozimmer betrat, in dem ihn ein Schalterbeamter mit vielleicht etwas zu großer Höflichkeit begrüßt hätte, wenn es sich nicht um Hofrat Ypsilon handeln würde, dem gegenüber schließlich Höflichkeit verzeihlich ist. Der Schalterbeamte, den wir der Kürze halber Petrus nennen wollen, denn dieser wird seit undenklichen Zeiten für derartige Rollen mißbraucht, bat Herrn Hofrat Platz zu nehmen und begann ein klein wenig verlegen: »Vor allen Dingen eine unangenehme Neuigkeit. Der liebe Gott hat da eine Kleinigkeit angeordnet, die leider nicht umgangen werden kann.« Petrus kramte umständlich zwischen den Akten und sagte dann sehr leise: »Verehrter Herr Hofrat, Sie können nicht so ohneweiters in den Himmel. Ich sehe da eine kleine Bemerkung: *Vorerst sieben Jahre Fegefeuer!*« Der Herr Hofrat glaubte nicht recht gehört zu haben, aber es war schon so. Er wurde sehr blaß, fragte aber mit beherrschter Stimme: »Darf ich wissen, nach welchem System hier pflichtgetreue Beamte degradiert und hm-hm ... bestraft werden? Oder darf ich vielleicht, der Einfachheit halber, einen Blick in meinen Akt tun?« »Aber bitte, Herr Hofrat – – warum denn nicht, Sie müssen sich das nicht so zu Herzen nehmen.« Der Hofrat griff mit zitternder Hand nach seinem Akt und begann zu lesen:

»Geboren 1873 in Wien, evangelisch, verheiratet. Ständiger Wohnsitz, Wien XVIII., Scheibenberggasse 9. Betragen mustergültig, Streber. Das Wort herzlos ist von seinem Leben nicht zu trennen. Er schikanierte seine armen, kleinen Stenotypistinnen, er ließ sie Überstunden machen, wenn er wußte, daß sie ein Rendezvous hatten. Er war unhöflich gegen alle Leute ohne Titel. Er tat keinen Schritt vom Weg, er nahm alles ernst und nichts war ihm heilig. Daher halte ich sieben Jahre Fegefeuer für unerläßlich.«

Der Hofrat las nicht weiter: »Famose Gesetze, das muß ich sagen. Ich erhebe natürlich Einspruch. Wo ist hier die Berufungsstelle? Gibt es wohl gar nicht, wie?«

»Aber bitte, Herr Hofrat ... gleich hier nebenan der Schalter ...«

Der Hofrat sah sich um. Eine endlose Menschenschlange stand andächtig vor dem Schalter sieben. Der Hofrat stöhnte laut und verzweifelt auf. »Hier, hier soll ich ...«

»Jawohl, Herr Hofrat«, unterbrach ihn Petrus eifrig, »dann werden Sie hinauf in den ersten Stock verwiesen, Schalter 23, und von dort fahren Sie mit dem Paternoster direkt in den fünften Stock, dort warten Sie, bis ihr Name aufgerufen wird, und von dort, Herr Hofrat, bemühen Sie sich bitte wieder zu uns ins Parterre!«

»Was, das soll ich alles durchmachen, ja, Herr, das dauert ja ...«

»Sieben Jahre Fegefeuer«, sprach Petrus milde und schloß den Schalter.

Engagementlos

Wie vergeht der Tag ohne Proben, ohne Rollenlernen, abends ohne Vorstellung! »Ich habe Wege, gnädige Frau«, sagt man zu der Wirtin, »bitte, falls jemand anruft ...«

»Schon gut, schon gut, ich werde alles notieren.« Der Erste steht vor der Tür – Wirtinnen verlieren an Freundlichkeit, wenn man ohne Einkommen ist.

Bis zum Ersten sind noch acht Tage. Bis dorthin kann ein Wunder geschehen. Es ist gut, wenn man an Wunder glauben kann. Die Wirtin scheint das nicht zu tun. Sie erwidert den Gruß überhaupt kaum und schlägt die Türe hinter sich zu. Man soll ihr nicht nachsagen, daß sie erst an dem Tag unhöflich geworden ist, an dem sie kein Geld bekommen hat.

Man hat Wege. Das heißt, man sitzt stundenlang in irgendwelchen Vorzimmern und fünf Minuten vor irgendwelchen Großmächten. Die jungen mit den Hornbrillen, das sind die Regisseure. Die älteren mit dem Monokel, das sind die Direktoren. »Ich wollte mich wieder in Erinnerung bringen«, flüstert man mit versagender Stimme ...

Und dann steht man wieder im Vorzimmer und schaut angstvoll in den Spiegel. Ob man auch einen guten Eindruck gemacht hat?

Eines Tages hat man wieder zu tun. Bei der Bühne der Unvollendeten oder dem Theater der Jungen. Man probt Abend für Abend in kleinen, billigen Gasthäusern. Man probt die Nächte durch, schwindlig vor Hunger und Schlaf. Die wichtigsten Persönlichkeiten von Film, Theater und Presse haben bereits ihr Erscheinen zugesagt, aber übermorgen ist der Erste ... Vierzig Reichsmark sind so viel, so viel Geld, kein Mensch, selbst der nicht, der an Wunder glaubt, kann hoffen, daß man es übermorgen haben wird.

Die Wirtin grüßt seit zwei Tagen überhaupt nur durch Kopfnicken zurück. Erst übermorgen hat sie das Recht grob zu werden.

Das Theater der Jungen ist vorüber, die Bühne der Unvollendeten lebt nicht mehr, aber man ist nicht entdeckt worden. In irgendeiner Zeitung ist gestanden, daß man begabt ist, und in einer anderen, daß man Charme hat und daß es schade ist. Du lieber Gott, und wie schade!

Man sucht Trost in alten Rollen. Man deklamiert zu Hause im dunklen Zimmer. Man sucht Trost bei Kollegen im Kaffeehaus. Man liest krampfhaft die Zeitungen durch, man sagt mechanisch: »Die Zeiten, die furchtbaren Zeiten ...« Arbeitslosigkeit in Amerika, Arbeitslosigkeit in der ganzen Welt. Man hat sich ein schlechtes Geburtsdatum ausgesucht, seit wir leben, sind die Zeiten groß, aber unangenehm.

Die Wirtin scheint keine Zeitungen zu lesen. Sie schiebt sich in ihrer ganzen ehrfurchtgebietenden Breite ins Zimmer und sagt: »Nu saren Sie einmal, Freilein, wie denken Sie sich das eijentlich?«

Wie wir uns das denken? Ja, machen wir Weltgeschichte? Was sind wir schon, wir kleinen, einzelnen Wesen, voll Ehrgeiz, Arbeitsfreude, Sehnsucht, Talent und Hunger! Die Wirtin sagt: »Nu, saren Sie, Freilein, wie komm' denn ich dazu? Ich habe ja schließlich auch meine Verpflichtungen ...«

Wir haben kein Recht, diese Frau zu hassen. Wir sind ihr charakterloserweise Geld schuldig. Die Wirtin stellt ein allerletztes Ultimatum und geht endlich.

Die Leute klopfen uns auf die Schulter und sagen, daß es so ist, sie können sogar genau begründen, warum. Sie wissen alles, was in der Zeitung steht, aber wie uns zumute ist, wissen sie nicht.

Wir reden dem Wunder gut zu. Wir haben kein Geld mehr für die Straßenbahn. Es wäre gut, sich Herrn Regisseur Sowieso oder Herrn Direktor XYZ in Erinnerung zu bringen ... Wir haben kein Geld für den Schuster ... Wir sehen blaß und unvorteilhaft aus.

Wenn ein Wunder geschieht, dann muß es bald geschehen. Nächste Woche ist es vielleicht schon zu spät.

Berlin, Café und Diele Unter den Linden

Selbstmord ganz vergeblich

Lisl war ungefähr fünfzehn Jahre alt, aber das Leben freute sie nicht mehr. Sie wollte sterben. Sterben wollen, das war ein Würgen in der Kehle von verhaltenen Tränen, war ein naßgeweintes Kopfkissen und der tausendmal gedachte Weg zur Hausapotheke. Lisl wußte, wo in der Hausapotheke das Veronal lag, das wollte sie klauen und damit ihrem unnützen Dasein ein Ende bereiten. Schuld, ganz eigentlich Schuld hatte der große Bruder. Diese Bande überhaupt. Da waren die älteren Schwestern, die die Köpfe zusammensteckten und tuschelten, deren plötzliches und anhaltendes Gelächter ebenso unverständlich war wie alles übrige, was sie taten und verheimlichten. Es schien, als ob der liebe Gott diese Geschwister zur Geißel für kleine, liebebedürftige, fünfzehnjährige Mädchen erschaffen hätte. War es daher so ein Wunder, daß man eines Tages auf die geschmacklose Idee kam, Tagebuch zu schreiben, wenn man unter dieser herzlosen Gesellschaft leben mußte, die nichts ernst nahm als sich selbst. ›Es ist eine Gemeinheit, fremde Tagebücher zu lesen, verehrter Herr Bruder, wenn ich jetzt momentan nicht mal rasch sterben müßte, würde ich Ihnen zu Weihnachten einen Knigge schenken. Aber so habe ich keine Zeit. Bedauere lebhaft ...‹

Lisl stand langsam auf, um das Veronal zu holen. ›Das Tagebuch wird verbrannt‹, überlegte sie weiter. ›Es hat mit mir gelebt, es soll mit mir sterben. Abschiedsbrief wird keiner geschrieben. An wen soll man schreiben? Menschen, die fremde Tagebücher lesen und sich dann noch darüber lustig machen, verdienen keine Abschiedsbriefe.‹ Lisl verbrannte ihr Tagebuch und wollte sterben. Sie wollte wirklich und wahrhaftig sterben. Kein Mensch konnte so recht sagen, wieso sie gerettet wurde. Ob zu wenig Veronal zu Hause war, ob irgend jemand ihren tiefen Schlaf rechtzeitig bemerkt hatte, kurzum, Lisl wurde gerettet. Sie fand sich mit vollem Bewußtsein in ihrem Zimmer mit den weißen Möbeln. Sie wunderte sich ein wenig, denn sie hatte sich das Totsein ein wenig anders vorgestellt.

Erst als der große Bruder das Zimmer betrat und sagte: »Na, ich glaube, jetzt kann man doch wohl schon ein paar vernünftige Worte mit dir sprechen«, begriff sie langsam, was geschehen war, lächelte selig und wartete. Wartete auf die ersehnten, seit zehn Jahren ersehnten Worte des großen Bruders. Jetzt würde er gleich sagen, daß man die Kleine immer unterschätzt habe, daß sie ein lieber, armer Mensch sei, den man nicht nur lieben, sondern auch durchaus ernst nehmen müsse. Und nach einiger Zeit würde man einander in die Arme fallen, und das Leben würde so schön sein wie noch nie.

Der große Bruder rückte sich einen Stuhl zurecht und begann mit ernster Miene: »Was glaubst du eigentlich, wem hast du denn imponieren wollen mit diesem Affentheater ... Ein Skandal ist es! Jawohl, ein Skandal! Das ganze Haus spricht davon. Man munkelt von einer Liebesgeschichte ... Unerhört so etwas! So und jetzt mußt du mir in die Hand versprechen, daß du von heute an ein vernünftiges Mädel sein willst und mit allem Unsinn endgültig Schluß machen, dann ist alles vergeben und vergessen.«

Der große Bruder sprach und sprach ein halbe Stunde, dann stand er auf, küßte Lisl auf die Stirn und ging. Die weiße Tür fiel hinter ihm ins Schloß, und Lisl sah ihm nach und konnte nicht fassen, daß sie ganz vergeblich gestorben war.

Wien, Urania

Robert ist nicht zu Hause

Bayreutherstraße 3. Acht Uhr fünf Minuten. Robert ist noch nicht zu Hause.

»Ich werde warten, Fräulein.«

Roberts einsames Zimmer. Sein Schreibtisch, Bücher, Bücher, dicke Bücher! Ihre Feinde, ihre Rivalen! Hefte, Hefte, viele Hefte, angefüllt mit Roberts Krakelschrift. Nein, diesen Schreibtisch hat sie nicht lieb, der immer mehr Platz in Roberts Leben einnimmt. Wie grob und klotzig er dasteht, fest und unerschütterlich. Das ist ja unlauterer Wettbewerb, so etwas. Natürlich kann man mit so einem Kerl nicht konkurrieren, klein und zart, wie man selber ist ...

Acht Uhr dreißig! Robert soll mich nicht warten lassen. Ich kann das nicht leiden. Krach, macht das Schloß ... krach ... rum ... bumm ... bummm ... Elli schaut auf: jetzt ist er da, gleich wird die Türe quietschen ... tapp, tapp machen die Schritte, große, gewichtige Männerschritte, und gehen ruhig an der Türe vorbei. Der andere Mieter ist nach Hause gekommen.

Nein, so unpünktlich darf man nicht sein. Robert, das ist eine Gemeinheit! Elli kann nicht mehr sitzen, rennt auf und ab, auf und ab. Heute muß sie es ihm sagen: Ich bin böse, ganz böse. Ich hab' dich nicht mehr ein bißchen lieb ...! So benimmt sich ein Rotzbub, verstehst du, aber kein *Mann*!!!

Neun Uhr. Jetzt wartet sie schon eine ganze Stunde. Länger kann sie aber nicht warten. Das wäre würdelos. Sie geht zum Schreibtisch, zu diesem großen, groben Feind ...

Hier aus Roberts geheiligtem Notizbuch eine Seite ausgerissen, ritsch, ratsch! ... justament ... geht sie gar nichts an.

»Lieber Robert, ich habe bis neun Uhr zehn Minuten gewartet und bin sehr erstaunt. Elli.«

Sehr gut gesagt! Noch irgend etwas dazuschreiben? Aber nein, je weniger, desto besser. Kein Wort, keinen Gruß dazu. Und jetzt diesen Zettel groß und breit auf den Tisch gelegt, nicht zu übersehen! Elli horcht hinaus: ob er jetzt noch kommt? Das Herz schlägt hart und wild. Mantel angezogen, Mütze auf ... Vielleicht kommt er gerade jetzt. Ja, denkst du, ich warte hier stundenlang, bis es dir beliebt, endlich zu erscheinen? ... Nein, es bleibt still, ganz still. Aber das ist ja Wahnsinn! Neun Uhr fünfundzwanzig Minuten. Ist Robert verrückt geworden? Hat er den Tag verwechselt? Er ist nicht nach Hause gekommen ... Heute, Mittwoch abend? An ihrem Tag? Sie geht langsam und mutlos zur Türe. Also weggehen, ohne Robert gesehen zu haben? Aber das geht ja gar nicht. Es ist halb zehn Uhr geworden. Das Haustor ist schon lange zu. Sie kann doch hier nicht der Hausgehilfin sagen ...! Nein, das kann sie wirklich nicht! Das ist ganz unmöglich! Also nochmals ins Zimmer zurück, Hut und Mantel ausgezogen, und wenn Robert kommt: Bitte, sei so lieb und sperr mir das Haustor auf! Es tut mir ja leid, daß du meinetwegen nochmals hinunter mußt, aber ich wollte die fremden Leute nicht belästigen. Du wirst das verstehen können. Ach, du hast den heutigen Tag vergessen, ist ja schade, aber das macht fast gar nichts. Was entschuldigst du dich so viel? ...

Und dann sucht Elli nach einem Schimpfwort, nach einem ganz gemeinen Schimpfwort. Sie müßte ihn schla-

gen, sie müßte ihn mit der Faust ins Gesicht schlagen ...
sie müßte ...!

Sie ist todmüde. Den ganzen Tag hat sie fast ununter-
brochen Probe gehabt, plötzlich spürt sie, wie weh ihr alle
Glieder tun, plötzlich spürt sie, daß sie ganz gemeinen
Hunger hat. Wieso sitzt sie da in einem fremden Zimmer
in Berlin in einem unbequemen Lehnstuhl und wartet auf
einen Mann, der vergessen hat, nach Hause zu kommen?
Es ist ja gar nicht tragisch, es ist lächerlich. Warum sich
alle Männer lächerlich benehmen, wenn man sie schrecklich lieben will? Elli möchte weinen. Elli möchte schlafen ...

Ruckruckbummbumm, macht das Schloß und diesmal
ist es ganz bestimmt Robert, aber es hat gar keinen Zweck
mehr. Das Licht flammt auf und tut den Augen weh.

»Du, du bist da? Ja, hast du denn meine Expreßkarte
nicht bekommen?«

Elli tastet sich langsam aus dem Schlaf zurück: ins ein-
undzwanzigjährige Dasein ... in den Lehnstuhl ... in das
Zimmer ... Berlin W 15, Bayreutherstraße 3, zwei Treppen
hoch, und blinzelt mit müden Augen zu ihrem Freund
hinüber, der eine lange, umständliche Geschichte erzählt
und immer wieder fragt: »Ja, hast du denn meine Expreßkarte nicht bekommen?«

»Es hat wenig Sinn, eine Expreßkarte zu schreiben,
wenn du schon in letzter Minute absagen mußt. Du weißt
doch, daß ich oft den ganzen Tag nicht nach Hause komme. Warum hast du nicht bei den Jazzleuten angerufen?«

Elli wundert sich, daß sie es ist, die so spricht.

»Laß mich jetzt nach Hause gehen, ich bin todmüde.«

»Also du willst durchaus bocken, du läßt dir nicht
erklären ...«

»Erkläre mir alles, was du willst, aber nicht heute. Ich bin krank vor Müdigkeit und Schlaf.«

Nanu, denkt Elli verwundert, ich rede ja so komisch. Robert läuft vor ihr die Treppe hinunter, auf seinem Gesicht ist Kummer und Verlegenheit. Elli lächelt schlaftrunken und weit weg. Ihr Körper gehorcht ihr wie in Trunkenheit ... sie spürt sich selbst unendlich weit entfernt.

»Adieu, kleiner Robert«, und sie wundert sich, daß sie ihn küßt.

Zu Hause, in ihrem Bett, fällt ihr ein, daß sie Kummer hat. Er bohrt unaufhörlich an ihrer Brust, das Herz tut weh bis in die Handgelenke. Und dann fällt endlich der Schlaf wie eine Decke über sie und sie spürt nichts mehr, nicht einmal, daß sie Hunger hat.

Es ist immer dasselbe ...
Ein Dialog mit Reflexionen

Er: »Wollen wir ins Kino gehen?«

Sie: »Aber geh, hör' auf! Bei diesen schlechten Programmen.«

Er: »Wollen wir ins Romanische gehen?«

Sie: »Ich habe geschworen, nie mehr einen Schritt ins Romanische zu tun. Ich hasse diesen Laden!«

Er: »Willst du spazierengehen?«

Sie: »Bei diesem Quatschwetter?«

Er: »Bei meinem Bruder sind heute Gäste. Ganz nette Menschen. Wenn du willst, sind wir eingeladen.«

Sie: »Bei deinem Bruder? Ich verzichte!«

Er: »Na schön, wie du willst.« (Setzt sich zum Tisch, nimmt einen Band Wallace und liest. Er denkt: ›Hysterische Ziege! Weiß der Kuckuck, was sie heute wieder hat.‹

Sie: (Steht gereizt auf, geht langsam zum Bücherkasten, holt einen Band Wallace, geht ebenso langsam zum Sofa und liest. Denkt: ›So ein Ekel! Weiß Gott, das hab' ich nötig gehabt.‹)

Er: »Darf man vielleicht fragen, was du gegen meinen Bruder hast?«

Sie: »Eine Antipathie.«

Er: »Sehr liebenswürdig.«

Sie: »Du kannst unmöglich freundliche Gefühle von mir für einen Menschen erwarten, der nichts anderes zu tun hat, als gegen mich zu hetzen.«

Er: »Rolf gegen dich? Du bist verfolgungswahnsinnig!«

Sie: »Danke, sehr liebenswürdig!«

Er: (Schweigt wütend. ›So ein bei den Haaren herbeigezogener Unsinn! Diese Weiber machen einen systematisch krank. Das ganze Unglück im Leben kommt von ihnen. Man könnte so ruhig, so friedlich leben, und wegen dieser hysterischen Launen muß ich hier an dem einzigen Sonntag, den ich in der Woche habe, zu Hause sitzen. Aber das eine schwöre ich mir: Wenn ich die glücklich angebracht habe, nie wieder eine sogenannte feste Freundin. Man hat nichts als Scherereien von ihnen.‹)

Sie: (Versucht zu lesen, aber sie kann es nicht, weil sie zu wütend ist und er ihr keine Gelegenheit zum Streiten gibt. ›Er könnte mich doch wenigstens fragen, wieso ich weiß, daß Rolf gegen mich hetzt. Aber sicher hat er ein schlechtes Gewissen. Wahrscheinlich hat sich Rolf ungezogene Bemerkungen erlaubt, und dieser Feigling hat mich nicht genügend verteidigt. Aber es ist ja immer dasselbe, ich bin ja selber schuld. Wie oft habe ich mir schon vorgenommen, nie wieder eine Seelengeschichte. Man hat nichts als Kummer davon. Diese blondgefärbte Mya hat das schönste Leben, amüsiert sich, geht ins Theater, hat fabelhafte Kleider – und ich? Ich laß' mich hier wie einen Hund behandeln, aber ich weiß, was ich tue. Ich werde Schluß machen, sofort, heute noch. Ich ertrage dieses Leben nicht mehr.‹)

Er: (Zündet sich eine Zigarette an und ist schon etwas versöhnlicher gestimmt.) »Willst du rauchen?«

Sie: (Wirft einen ironischen Blick auf seine Zigarette.) »Also jetzt fällt dir das ein, weil du schon rauchst. Du wirst wirklich von Tag zu Tag reizender zu mir.«

Er: »O Pardon, ich wußte nicht, daß du auf spanisches Hofzeremoniell Wert legst.«

Sie: (Brüllt jetzt beinahe.) »Nicht auf spanisches Hofzeremoniell, aber auf eine halbwegs menschenwürdige Behandlung.«

Er: »Also von mir aus, rauch nicht.«

Sie: »Aber warum denn? Natürlich werde ich rauchen. Ich hab' ja zum Glück eigene Zigaretten und bin auf dich nicht angewiesen.« (Sie raucht wütend und kämpft mit den Tränen.)

Er: (Geht zum Lautsprecher und sucht eine Station. ›Nirgends ein anständiges Programm. Überhaupt, ein Leben ist das, du lieber Gott, was hab' ich eigentlich verbrochen? Was geht mich dieses fremde, schlecht aufgelegte Frauenzimmer an? Die ganze Liebe ist ein Schwindel, ich erkläre es hiermit feierlich. Es gibt niemanden auf der ganzen Welt, der mir momentan ferner und fremder ist als sie. Aber wenn ich ihr jetzt in aller Ruhe sagen würde: Mein liebes Herz, wir gehen uns gegenseitig auf die Nerven – das heißt, sie geht mir auf die Nerven –, laß uns endlich, endlich auseinandergehen – wenn ich das tue, dann bin ich ein Schuft. Dann kriegt sie totsicher einen Herzkrampf, und morgen ruft mich ihre beste Freundin an. Können mir ein Dutzend Frauen das Leben so schwer machen wie eine einzige? Unmöglich!‹)

Sie: (›O, du lieber, lieber Gott, laß mich doch endlich sterben! Ich möchte gleich und ganz tot sein für ewige Zeiten. Ich möchte endlich nichts mehr spüren von dieser sogenannten Liebe. So ein fremder, schlecht erzogener Mensch, der sich ein Vergnügen daraus macht, mich zu ärgern, zu kränken, das ist mein Geliebter. Wie lächerlich das alles ist! Wie lächerlich und wie gemein. Ich möchte ihm gerne sagen, wie schlecht er ist und wie er sich an mir versündigt. Ich glaube, ich werde noch schrecklich krank

werden von all dem Kummer, den er mir bereitet. Das
wird er dann davon haben. Ein Glück, daß ein Mann kein
Gewissen hat. Sonst könnte er sein Leben nicht mehr
ertragen. Er hat mich nicht mehr lieb!! Aber was heißt
eigentlich lieben? Hat er mich denn jemals liebgehabt?
Kann ein Mann denn so etwas überhaupt?!‹)

Er: (›Es ist schauerlich, ich ertrage solche Situationen
nicht. Diese hysterischen Weiber machen sich eigentlich
nichts draus. Es wird mir nichts anderes übrigbleiben, ich
muß diese Geschichte irgendwie einrenken, sonst komme
ich um meinen ganzen Sonntag. Wenn sie sich jetzt herbeiläßt, sich zu versöhnen, können wir noch in die Neun-
Uhr-Vorstellung gehen.‹)

Sie: (›Ach, er bockt immer noch. Er wird mich unversöhnt
nach Hause gehen lassen. Aber ich werde das nicht über-
leben. Er ist ein schlechter Mensch, aber ich kann nicht
leben ohne ihn. Wenigstens jetzt nicht. Unverstanden
werd' ich ja schließlich immer sein, die Männer haben
eben keine Seele.‹)

Er: (›Was hat es schließlich für einen Sinn, sich mit ihr zu
verzanken. Alle Frauen sind launenhaft und hysterisch.
An ihre Mucken hab' ich mich schon gewöhnt. Schön,
Rolf hetzt gegen sie. Wenn sie sich's durchaus einbildet –.
Aber wie bring' ich sie jetzt bloß zum Waffenstillstand. Es
ist zu ungemütlich.‹)

Sie: (›Wenn ich ihn jetzt fragen würde: Sag mir die Wahrheit, liebst du eine andere? –, und er würde ›ja‹ sagen …‹)

Er: (›Ich habe eine blendende Idee. Lucy hat mir seinerzeit, wie wir uns verkracht haben, die kleine chinesische
Vase zurückgeschickt. Sie sieht tadellos aus. Wenn ich
mich richtig erinnere, ist sie in der untersten Schreib-

tischlade.‹ – Er geht zum Schreibtisch und sucht die kleine Vase.)

Sie: (Beobachtet ihn ängstlich und gespannt.)

Er: (Hat die Vase gefunden und geht verlegen zu ihr.) »Da hast du, du schlechtes Kind, ich hab' das neulich im Schaufenster gesehen und dachte, daß dir das Spaß machen wird.«

Sie: (Bricht in Tränen aus. Sie ist gerührt und beschämt zugleich und leistet ihm innerlich Abbitte.) »Du bist so ein geliebtes Scheusal.« (Sie weint an seiner Brust dicke Tränen über die Vase, über ihre eigene Schlechtigkeit, über das viele Unrecht, das in der Welt geschieht, und daß sie scheinbar einander doch lieben.)

Er: (Ist sehr verlegen und gesteht sich ein, daß er ein Schwein ist. Zum Glück ahnt sie es nicht.) »Na, so wein doch nicht mehr, Baby!«

Sie: »Hast du mich lieb?«

Er: »Fragst du mich das im Ernst?« (Er sieht ihr in die Augen.) »Wenn du mich so etwas noch einmal fragst, werde ich sehr böse werden, weißt du das?«

Sie: (Weiß es.)

(Sie küssen einander sehr gerührt. Er ist aufrichtig bewegt, sieht aber verstohlen auf die Uhr. Es ist dreiviertel acht, man wird noch ganz bequem ins Kino kommen.)

Die Tränen der Kollegin

Die Schauspielerin steht auf der Bühne und spricht. Der allmächtige Regisseur sitzt im Zuschauerraum, Verklärung auf dem Antlitz, und lauscht ... Ein paar Kollegen flüstern im Hintergrund. »Faszinierende Frau«, meint jemand.

Das kleine Mädchen steht, als Stubenmädchen verkleidet, in der Kulisse und starrt auf die Bühne. Sie spricht innerlich die Rolle mit, denn sie kann jedes Wort auswendig. Aber sie findet, daß ihre unhörbaren Worte besser, natürlicher und temperamentvoller gesprochen sind. Zwischen ihr und diesen großen Rollen steht die unübersteigbare Chinesische Mauer, die noch kein Anfänger ohne Protektion, Zufall und Glück durchbrochen hat. Das Publikum, das abends im Theater sitzt, ahnt nicht, wenn da das kleine Stubenmädchen über die Bühne geht, daß hier ein Talent im Verborgenen blüht, das befähigt wäre, den verwaisten Thron der Duse einzunehmen.

Die große Schauspielerin ist von der Kugel ihres Partners getroffen und stirbt. Das kleine Mädchen atmet heftig, es weiß: ›Ich würde besser sterben ...‹

Der allmächtige Regisseur starrt düster auf das Manuskript vor sich. Er ist ergriffen. Der matte Schein der kleinen Stehlampe umstrahlt milde seine Glatze ...: ›Wenn wir diesmal wieder fünfzig Aufführungen erleben, haben wir Glück gehabt – sie ist reichlich alt geworden seit vorigem Jahr – wirkt beinahe schon wieder unmodern.‹

»Ich danke Ihnen, gnädige Frau! Mahlzeit, meine Herrschaften!« Er durchmißt mit starken Schritten den Zuschauerraum und stößt in der Tür mit dem Graumelierten zusammen, der nochmal »Faszinierende Frau« flüstert. Er erwidert das holdselige Lächeln der Salondame und denkt: ›Sollte auch schon längst ins Mutterfach übergehen, bei diesen Hüften!‹ Und dann begibt er sich auf die Bühne, um der großen Schauspielerin in den Pelz zu helfen.

»Sind Sie wirklich mit mir zufrieden, liebster, bester Doktor ...?« Sie mimt jetzt trefflich Privatleben: Kleines, befangenes Mädel, das jeden Erfolg mit staunenden Augen ansieht, nicht fassen kann, daß er ihr gilt. Die Kollegen, die es gehört haben, lachen entzückt. Die Salondame möchte sich am liebsten ohrfeigen, weil sie ihr ganzes Leben Unnahbarkeit getragen hat.

Das kleine Mädchen starrt gebannt auf die Gruppe. ›Warum ist nicht sie es, der dort alle den Hof machen? Wann wird endlich der Regisseur seinen nachdenklichen Blick auf sie richten und sie aus dem Dunkel ihres Daseins ziehen?‹ Zorn und Eifersucht pressen ihr Herz zusammen, und sie bricht in Tränen aus. Sie schlägt die Hände vors Gesicht und drückt sich noch enger in die Kulisse. Der Regisseur kommt mit dem Star an dem kleinen Stubenmädchen vorüber und sagt: »Nun sehen Sie mal Verehrteste, da haben Sie unsere kleine Kollegin gar zu Tränen gerührt ...«

›Um Himmelswillen, gerade jetzt muß er mich zum ersten Mal bemerken – gerade jetzt, wenn ich weine – gerade jetzt, wenn meine Nase sicher rot ist.‹ Und sie wünscht sich tief unter die Erde.

»Nein, aber nein! Aber liebes, kleines Mädchen, nicht doch ...«, und sie hört die Stimme der großen Schauspielerin in den Tönen, die sie berühmt gemacht haben, man weiß nicht, ob ein Kind jauchzt oder eine Frau klagt ... Sie nimmt den Kopf des kleinen Mädchens und zwingt es, zu ihr aufzusehen. Der Regisseur betrachtet befriedigt die rührende Gruppe und denkt: ›Na, das ist ein gutes Zeichen, das Publikum wird also auch ergriffen sein ...‹

Das kleine Mädchen hält die Augen geschlossen, um nicht sehen zu müssen, welchen Eindruck seine rote Nase auf den Regisseur macht. Es verkriecht sich daher in den grauen Pelzmantel der großen Schauspielerin und erzwingt eine liebevolle Umarmung ... ›Welche Schande, welche Schande ...‹, weint das Mädchen innerlich weiter ..., ›welche Schande, und an allem ist sie schuld, wie ich sie hasse ...‹

Und die Schauspielerin hält ein weinendes Menschenkind in den Armen und flüstert für alle hörbar: »Wie danke ich Ihnen für diese Tränen, mein Kind!«

Wien, Staatsoper

Mitzi und Marianne

Gerade als sich der Wagen endlich wieder in Bewegung setzen konnte, um die Opernkreuzung zu überqueren, blickte Frau Marianne zufällig aus dem Fenster. Frau Marianne beugte sich erregt vor und sah mit weitaufgerissenen Augen auf einen vergnügt lächelnden jungen Mann, der lebhaft auf ein kleines Mädchen einsprach. Keine zehn Schritte von ihr entfernt stand Bobby. Bobby war also in Wien und trieb sich mit irgendwelchen gleichgültigen Frauenzimmern herum und versuchte nicht einmal, sie anzurufen. Ach Gott, wie dumm sie doch war, Bobby konnte doch unmöglich wissen, daß sie jetzt nicht mehr Mitzi Langer hieß, sondern Frau Marianne Andreas und daß sie ein eigenes Telephon besaß ...

»Halt, halten Sie doch!« Marianne trommelte nervös gegen die Scheiben, und der Chauffeur verlangsamte erstaunt sein Tempo. »Ich möchte aussteigen und ein wenig zu Fuß durch die Stadt bummeln ... Es ist so herrliches Wetter!«

Marianne stand erregt und schwindlig in der Kärntnerstraße und sah sich um. Wo war Bobby hingeraten? Bobby und das kleine Mädchen, mit dem er so freudig erregt gesprochen hatte? Bobby war verschwunden ...

›Bobby‹, dachte Marianne, ›wo versteckst du dich denn?‹ Sie lief die Kärntnerstraße hinunter, Graben, Stephansplatz – es war alles vergebens. Bobby war nicht zu finden. Das Herz tat ihr so weh, wie an dem Tag, an dem sie Bobby zur Franz-Josephs-Bahn gebracht und mit tapferem Lächeln gesagt hatte: »Schreib mal was, hast g'hört!?« ... Ach, das war lange her, sehr lange. Bei diesem Gedanken begann Marianne rasch zu laufen, als gälte es, die verschwundenen Jahre wieder einzuholen. ›Bobby‹, dachte sie, ›Bobby, du kannst ja heute so viele Rendezvous mit kleinen Mädchen haben, so viele du nur willst. Versteck dich doch nicht so dumm vor mir. Ich bin ja inzwischen eine ehrsame, brave Ehefrau geworden. Bobby, wir sind ja sieben Jahre älter geworden, ich bin nicht mehr die kleine Verkäuferin, ich bin nicht mehr deine kleine Freundin, ich bin eine gnädige Frau.‹

Marianne blieb stehen. Sie war plötzlich furchtbar müde. Sie sah, daß es sinnlos war, weiter nach Bobby zu suchen, und der Gedanke schien ihr unsagbar traurig. So traurig, daß ihr Tränen in die Augen traten und die große, elegante Frau tatsächlich auf der Straße zu weinen begann. Sie blieb vor einer Auslage stehen und betrachtete stirnrunzelnd phantastisch gestickte Sofakissen. Verstohlen bearbeitete sie ihr Gesicht mit dem kleinen Seidentuch und warf einen Blick in den Taschenspiegel. ›Wenn mich jetzt bloß kein Bekannter sieht‹, überlegte sie – und – ›ich werde in ein Café gehen müssen und mich ein bißchen zurechtmachen.‹

»Haben S' vielleicht was verloren, Fräulein?«

Marianne fuhr erschrocken zusammen. Hinter ihr stand ein hübscher, junger Mann, der sie teilnahmsvoll und treuherzig ansah. »Soll ich Sie vielleicht zum Fundamt begleiten?«

Marianne schüttelte schweigend den Kopf und begann nochmals zu weinen. »Oje«, sagte der junge Mann verlegen und setzte stockend hinzu: »Oder ist vielleicht ein Unglück geschehen?« Marianne nickte heftig und begann wieder zu laufen. Der junge, teilnahmsvolle Mann blieb an ihrer Seite und schlug vor, ein Kaffeehaus aufzusuchen. Kaffee sei gut für die Nerven. Man könne aber auch Schokolade trinken, wenn ihr das lieber sei. Schokolade beruhige das Herz.

Es war ein kleines Café in einer stillen Seitengasse. Marianne und der junge Mann setzten sich in eine Loge, und Marianne bestellte, in heftigem Verlangen nach Süßigkeit, heiße Schokolade mit viel Schlagsahne. Es schmeckte genauso gut wie vor sieben Jahren, als Schokolade und Schlagsahne seltene und schwer zu bezahlende Genüsse waren. Marianne sah den jungen Mann dankbar und lächelnd an und, da ihr einfiel, daß sie ihm auf viele Fragen Antwort schuldig war, sagte sie unvermittelt: »Mein Freund ist weggefahren, mit der Franz-Josephs-Bahn«, setze sie hinzu, als wäre dieser Umstand besonders tragisch.

»Oje«, sagte der junge Mann wieder und fragte: »Hat er müssen?« Marianne nickte bloß, und die Erinnerung an den Abschied vor sieben Jahren trieb ihr wieder die Tränen in die Augen. ›Wie habe ich das damals bloß ertragen‹, dachte sie, ›ja, das ist, wenn man zwanzig Jahre alt ist; heute bin ich eine alte Frau, ich bin bequem geworden, ich fürchte Schmerzen, ich will nicht verlieren, was ich besitze.‹

»Entschuldigen Sie«, sagte der junge Mann verlegen, »ich heiße Hans Rainer.«

Marianne nickte, als hätte sie gar nichts anderes von ihm erwartet. Und dann war es eine ganze Weile still zwischen ihnen.

»Vielleicht wollen Sie mir was erzählen von Ihrem Freund. Reden tut oft wohl.«

Ja, Mitzi wollte erzählen. Sie erzählte die längst vergangene Liebesgeschichte von Bobby und dem kleinen Mädchen, das Mitzi Langer hieß. Von der Aussichtslosigkeit, einander zu heiraten, und von der Tapferkeit, das bißchen Glück zu genießen, ohne an das Morgen zu denken. Sie erzählte von dem armen, kleinen Leben, das sie einmal geführt hatte, von ihrem schweren Verkäuferinnendasein und den seltenen, hellen Sonntagen in Bobbys Mansarde. Alles erzählte sie, auch den schweren, unerträglich schweren Abschied beim Bahnhof, die verhaltenen Tränen und das hoffnungslose, tapfere: »Schreib mal was, hast g'hört?«

Hans Rainer hörte ernsthaft zu, manchmal faßte er ihre Hand und sagte zärtlich: »Liebes, kleines Mädchen ... Wie alt sind Sie?« fragte er plötzlich. »Zwanzig«, sagte Marianne schnell. Sie sah ihn genau an, aber in seinen Augen stand nicht der geringste Zweifel. Sie leuchteten zärtlich. »Zwanzig«, wiederholte er gerührt. »So tapfer und lieb ist man nur mit zwanzig Jahren. Wollen wir nächsten Sonntag einen Ausflug machen, kleine Mitzi?«

Marianne nickte. Sie ließ ihre Hand in der seinen und fragte neugierig: »Wohin wollen wir gehen?«

Als es halb fünf Uhr war, fiel ihr ein, daß sie zum Tee Gäste erwartete. Sie ließ sich von Hans Rainer zur Tramway führen und mußte sich nach der ersten Station ein Taxi nehmen.

›Hoffentlich wartet er morgen nicht allzu lange beim Rendezvous‹, dachte Marianne, denn es war klar, daß sie das Rendezvous nicht einhalten konnte. ›Der arme Junge; eigentlich ist es unverantwortlich, er wird sich einen Schnupfen holen.‹

»Sie sehen ja so vergnügt aus, gnädige Frau«, sagte Doktor Hartwig, als sie ihm die Tasse reichte, »haben Sie vielleicht etwas gefunden?«

Wien, Karlsplatz

Bernhard setzt sich durch

»Bitte, Josefsgasse 17, zweiter Stock, Tür neun«, rief Bernhard einem Chauffeur zu und stieg in das Taxi. »Über die Stiegen müßt' man sich vielleicht persönlich bemühen ...« Was der Chauffeur nur wollte? Bernhard wußte nicht mehr, was er gesagt hatte.

Bernhards Tugend war seine Höflichkeit. »Bitte, könnte ich zwanzig Memphis haben«, fragte er den Schutzmann, der ursprünglich ausersehen war, eine Auskunft zu geben. Auch dieses Abenteuer endete nicht in der Landesirrenanstalt. Der Polizist dachte, daß Bernhard ein Fremder sei. »In jeder Trafik, mein Herr. Zum Beispiel, hier gegenüber.« Bernhard dankte, ging in die Trafik und fragte: »Bitte, könnten Sie für mich nachschlagen ... Bis wieviel Uhr verkehrt der 19er-Wagen?« Die Trafikantin verstand zwar nicht, wo sie »nachschlagen« sollte, doch sie antwortete dem jungen Mann, der so wohlerzogen wirkte. »Am besten wäre, Sie fragen den Schutzmann gegenüber.« »Ach so, ach so.« Bernhard begann nachzudenken, was er nun wieder angerichtet haben könnte. »Bitte, es müssen nicht Memphis sein, geben Sie mir vielleicht zwanzig Ägyptische.«

Als Bernhard einmal seinen Chef fragte, ob dieser die Liebenswürdigkeit hätte, ihm vom Delikatessenhändler ein Gabelfrühstück zu bringen, verlor er seinen Posten.

Auch Bernhards Ehe litt durch seine Zerstreutheit. »Ich sollte keinen Zucker in den Tee geben ...«, äußerte seine Frau und wollte von ihrem Mann hören, daß sie angesichts ihrer Schlankheit, es nicht nötig habe, auf ›die Linie‹ zu achten. »So, so ... Warum denn?« »Ja, wirst du mich

denn noch gern haben, wenn ich noch mehr zunehme?«
»Aber selbstverständlich ...« »Früher hast du aber nur für
schlank geschwärmt?« Bernhard dachte bereits an irgend
etwas anderes. »So, so ... Nun ja.« »Oder nicht?« »Ach bitte, mein Kind, wie du glaubst.« »Das mußt du doch wissen ... Sag, was bedeutet dein Schweigen, Bernhard?« »Ich
stimme dir zu, Liebling ... Du hast recht ...« »Ich bin dir
wohl gleichgiltig, wie?« »Wie bitte, gleichgiltig?« »Das
wirst du doch verstehen, stell dich doch nicht dumm.«
»Nun, bitte was folgerst du daraus?« In Bernhard war
plötzlich ehrliche Neugierde erwacht, wovon die Rede sei.
Zu seinem maßlosen Erstaunen mußte er hören: »Du
mußt nicht deutlicher werden. Ich gehe zu meiner Mutter
zurück.« Überdies flog ihm ein Teller an den Kopf.

Bernhard verließ traurig seine Wohnung und ging ins
Kaffeehaus. Da kein Tisch mehr frei war, placierte ihn der
Kellner neben einem würdigen, weißbärtigen Herrn.
Bernhard las Zeitung und bemerkte, daß sein Nachbar
sich wiederholt räusperte. Um Gotteswillen, ging es Bernhard durch den Kopf, er wird etwas gesagt haben, und ich
habe keine Ahnung, was. Bernhard sah von der Zeitung
auf und forschte im griesgrämigen Gesicht des Fremden.
»Sicher, sicher«, beeilte er sich zu äußern. »Wie meinen?«
»Ach, nur so ... Sie haben recht. Ich meine, ich kann Ihnen
nur zustimmen.« »Mhm, Sie meinen?« »Nuh, eben in diesem Sinne.« »Sagen Sie einmal, junger Mann«, die Augenbrauen des Alten zuckten gefahrdrohend. »Heutzutage«,
versuchte Bernhard ihn zu beschwichtigen. »Es ist eben
nicht mehr das Richtige.«

Plötzlich war der Alte besänftigt. »Sagen Sie mal, junger
Mann, möchten Sie nicht ausnahmsweise zuhören? Sie

erwidern dauernd auf ein ... Nichts. Ich habe nämlich nichts gesagt. Mein Räuspern ist nervöser Natur.«»Das gibt sich«, tröstete Bernhard. »Sehen Sie, diese Art sinnlos konzilianter Antworten gefällt mir für einen bestimmten Zweck. In das Reklamationsbureau meines Unternehmens kommen täglich hundert Querulanten. Meine Herren nehmen diese Leute leider ernst. Das geht nicht. Ich möchte Sie engagieren ... Was stellen Sie für Ansprüche?«

Lola

Eines Tages wurde es Lola einfach zu blöd. Sie beschloß, ihre Lebenserfahrungen praktisch zu verwerten. Als Patrik sich von ihr in größter Eile verabschiedete (er hatte damals beide Hände voll mit einer guten Partie zu tun), sagte er: »Mein liebes Kind, das Ganze nennt man eben älter werden. Auch ich werde nie mehr eine Frau so lieben wie dich. Ich sehe schon, wie du deinem nächsten Freund durch die Haare fahren wirst und lächelnd sagen: »Ihr seid doch alle gleich ...!«

Die große Schwester sagte: »So ist das Leben. Jetzt hast du dein Ideal begraben, und von nun an bist du die Stärkere.«

Wenn man so viel Lebenserfahrung hat und dabei noch so polizeiwidrig hübsch aussieht wie Lola, kann man nur eines werden: eine dämonische Frau.

Lola traf einen netten Mann. Viel zu schade für eine herzlose Kokette. Sie stellte es innerlich mit leisem Mitgefühl fest. Aber was soll man machen? Getreu nach dem göttlichen Vorbild Lya de Puttis kokettierte sie mit ihrem unglücklichen Opfer.

Des Abends schrieb sie in ihr Tagebuch:

»Ich liebe dich nicht. Du wirst mich wahrscheinlich eines Tages in die Arme nehmen, aber ich werde dich nicht lieben. Du wirst mich küssen, und meine Seele wird nicht bei dir sein, und ich werde wissen – – ich liebe dich nicht.«

So leicht hatte sie sich die Dämonie gar nicht vorgestellt. Sie mußte scheinbar doch ein wenig Talent dazu haben.

Als Lola Martin eine Woche lang kannte, faßte sie einen hochherzigen Entschluß. Er war ihr doch zu gut. Sie wollte ihn nicht unglücklich machen. Lieber einen andern. Das schrieb sie ihm auch. Als sie seine Antwort in Händen hielt, bekam sie Herzklopfen. Es ist entschieden ein historischer Moment, zum ersten Mal zu lesen, daß man eine dämonische Frau ist. Und so etwas muß unbedingt in diesem Brief stehen. Endlich entschloß sie sich, das Kuvert zu öffnen. Er schrieb: »Du liebes, gutes Kind – – –.«

Daraufhin beschloß man, sich noch ein letztes Mal zu sehen.

Er hatte eine nette, gemütliche Wohnung. Der Tisch ist hübsch gedeckt – das Abendessen gut – Martin ist blaß und sieht wunderbar aus. Lola hat ein kleines, wehes Gefühl in der Herzgegend.

Man kann ihm nicht durch die Haare streichen, denn er hat eine Glatze. Eine entzückende, charmante Glatze. Viel, viel netter als so ein kitschiger, blonder Haarschopf. Und so schmiegt sie sich in seine Schulter und flüstert: »Du bist doch wirklich ganz was anderes.«

Aber als er sie küssen will, hat sie Angst, und sie wehrt sich wie ein kleines Mädchen. Und sie weiß – wenn du jetzt mein Sträuben ernst nimmst und mich laufen läßt, dann sollst du verflucht sein in alle Ewigkeit – –. Aber, Gott sei Dank, er hat ihren Mund gefunden und sie denkt:

›Du, der treulos, schlecht, roh und undankbar sein wird, alle deine Sünden seien vergeben im voraus. Du, der du mitten in mein kleines, zärtliches Herz treten wirst – ich will dich lieben in Ewigkeit, Amen!‹

Wien, Graben

Liebe

Einmal schrieb mir ein Mann:

»– – ich will versuchen, all dies rasch zu vergessen.

Das, was ich Deine Liebe nannte, Deine Treulosigkeit und Deine Feigheit. Wenn ich an Dich und an die Zeiten unseres Zusammenseins denke, fällt mir immer eine Seifenblase ein. Bunt schillernd, unendlich schön. Ich sah meine zärtlichsten, süßesten Gedanken in ihr, alle meine Sehnsucht. Dann zerplatzte sie. Und was übrigblieb, war nichts. Gar nichts!«

Ich lächelte, als ich diesen Brief las, und wollte nicht böse sein. Richtet nicht, auf daß ihr nicht gerichtet werdet. Warum sollte der Mann aus Kummer über seinen Verlust nicht seinen letzten Rest Verstand verlieren?

Einmal schrieb mir ein anderer Mann:

»– – gnädige Frau, ich sah Sie gestern abend und hatte keine Gelegenheit, mich Ihnen zu nähern. Ich war wütend. Am liebsten hätte ich Sie ungeachtet aller Menschen, die um uns herumstanden, in meine Arme genommen und weit, weit weggetragen und Ihnen gesagt, daß ich Sie liebe, daß ich bezaubert, begeistert bin – – –.«

Ich lächelte auch, als ich diesen Brief las. Gibt es nicht sogar im Gesetzbuch eine Klausel, die für Sinnesverwirrung mildernde Umstände vorschreibt?

Einmal sprach ich mit irgendeinem Mann. Er erzählte mir von anderen Frauen. Von Frauen, die ihn geliebt und die er verlassen, die er geliebt und die ihn verlassen. Ich hörte geduldig zu. Da sagte er von irgendeiner: »Wissen Sie, es war eine Frau wie Sie. Eine Frau, mit der man sehr glücklich ist, wenn man mit ihr beisammen ist, und wegen der man sich nicht erschießt, wenn sie uns verläßt …!«

Diesen Mann habe ich zum Tode verurteilt.

Lendemain

Es war ungefähr fünf Uhr morgens, als Grete erwachte.
Es fiel ihr mit einem Schlag alles ein, und sie getraute sich
nicht recht, die Augen zu öffnen. Sie hörte den fremden
Mann neben sich atmen und spürte den Geschmack von
viel zu vielen Zigaretten. Sie hatte gute Lust loszuheulen.
Sie begann, vorsichtig im Bett nach einem Taschentuch
zu suchen, aber als der Mann an ihrer Seite sich zu deh-
nen begann, beschloß sie resigniert, das Weinen auf später zu verschieben. Es wäre eigentlich das Vernünftigste,
nochmals einzuschlafen, aber es wollte ihr nicht gelingen.
Wenn sie gestern abend nicht schon das Weinen verscho-
ben hätte und von ihrem einsamen Zimmer fort ins
Romanische gelaufen wäre, dann hätte sie's nicht nötig,
hier die Tapfere zu spielen. Wenn sie heute wenigstens
einen richtigen moralischen Kater hätte, damit ein wenig
Abwechslung in die Geschichte gekommen wäre, aber
nein, in ihrer Kehle waren bloß die alten Tränen vom
monatelangen Alleinsein.

Mädchen, die schrecklich allein sind, sollen nicht küssen. Die glauben dann immer gleich, daß sie den Betref-
fenden auch liebhaben. Das war genauso wie damals, als
man sechzehn war, da hat man auch gleich immer ge-
glaubt, man liebt jeden, dessen Küsse uns gefielen. Einfach blamabel, mit jemandem mitzugehen und sich an seine Schulter zu lehnen und zu hoffen, daß er »lieb sein
wird«. ›Lieb sein – ich kann großartig lieb sein –, glaub
mir, alles andere ist unwichtig.‹ – So ungefähr hatte Gre-
tes Herz gedacht, als sie beim Herrn Jemand lag. Aber zu
sprechen hatte sich Grete nichts Derartiges getraut. Und

dann war allerhand Unwichtiges geschehen. Aber zum Liebsein war es nicht gekommen.

Es war höchstens halb sechs. An Schlaf war nicht zu denken. Es war langweilig und widerlich, auf das Erwachen des fremden Mannes zu warten. Damit man zur Wohnung raus und nach Hause konnte. Grete war kalt. Sie fror. Sie legte ihre Arme um sich und dachte: ›Du bist lieb, Grete, du bist jung und lieb. Die anderen sind gescheit und tüchtig, aber du bist mein liebes Mädel. Mein liebes, liebes Mädel!‹

Berlin, Friedrichstraße, Café Imperator

Das Ärgste

Wir waren zwischen acht und zwölf Jahre alt, saßen beisammen und wollten wissen, was am unangenehmsten ist: Angst vor dem Zahnarzt oder vor der Schule oder vor dem dunklen Zimmer? Ich gab zu, daß dies alles sehr unangenehm ist; aber am ärgsten, am allerärgsten ist es doch, wenn man – enttäuscht ist.

Wenn die Mutter mit einem großen Paket nach Hause kommt – in einem solchen Paket kann alles mögliche sein, eine ganze Puppenausstattung, eine Küche, Bücher, eine Springschnur, Bälle, Ungeahntes, Herrliches kann in einem solchen Paket sein. Und dann kommt die Mutter und sagt: »Weg da! Mali, kommen Sie, ich hab' Vorhänge fürs Kinderzimmer besorgt ...«, und dann kommen noch lange Debatten über diese höchst uninteressanten, nebensächlichen Vorhänge. Mein Gott, und was hätte man für das Geld schon alles bekommen!

Gewiß, ein dunkles Zimmer, in dem alles mögliche knarrt, ein weher Zahn, eine Schularbeit sind schreckliche Dinge; aber enttäuscht sein ist noch ärger! Gewiß: Unbezahlte Rechnungen, ein Chef, der dauernd raunzt, eine Quartiersfrau, die den ganzen Tag Gesichter schneidet, das sind lauter scheußliche Sachen, aber wenn man enttäuscht ist, das ist noch viel, viel scheußlicher.

Beispielsweise, man hört ganz deutlich, daß Post gekommen ist. Das ist sehr aufregend. Auf dem Weg zum Korridor fallen uns tausend Möglichkeiten ein: Unerwartete Erbtante, oder jemand schreibt: »Liebes, kleines Mädchen, ohne dich ist es doch nichts – –«, na, und so weiter. Und dann sind es zwei Briefe für die Quartiersfrau und eine Reklamezeitung.

Wenn man ganz allein zu Hause ist, geht plötzlich das Telephon. Ich springe auf, mit furchtbarem Herzklopfen. Das Schicksal selber hat geklingelt. Und dann sagt eine alte, tranige Tantenstimme: »Ist Frau Müller zu Hause?«

Das sind wirklich furchtbare Minuten. Am tollsten war die Geschichte mit dem eingeschriebenen Brief. Drei Tage haben der Briefträger und ich uns verfehlt. »Ich glaube, er kommt aus Prag!« sagte meine Wirtin und versetzte mich dadurch in furchtbare Aufregung. O ja, es gibt schon jemanden in Prag, der mal wieder einen Brief schreiben könnte.

Aber wozu eingeschrieben?

Vielleicht kommt er her?

Wie ich dann bloß zu ihm sein soll? Einfach lieb und freundlich: »Nett, daß du wieder da bist, wie geht's?« Oder offen zugestehen, daß man sich furchtbar gekränkt hat? Das macht manchmal einen sehr guten Eindruck. Oder soll man sagen: »Weißt du, ich wollte böse sein, und jetzt kann ich es nicht ...«

Und dann kam endlich der Brief. Er war nicht aus Prag, sondern aus Wien und eine Mahnung von meinem früheren Zahnarzt.

Allein ...

Es nützt nichts, wenn man eine ›beste Freundin‹ hat. Man muß immer noch eine haben, bei der man sich, wenn's not tut, über die beste Freundin beklagen kann. Wenn man Lust und Neigung verspürt, sich über den einen Mann zu beklagen, hat man dazu einen Freund, aber bei wem beklagt man sich über den Freund?

Nennen wir den Ehemann Max und den Freund Robert. »Sie« heißt Lizzie. Max hat beispielsweise die Gewohnheit, seine arme Lizzie zum Essen zu zwingen. Man ist doch manchmal nervös, hat Kopfschmerzen und daher nicht den leisesten Hunger. Max hat kein Verständnis. »Wenn man nicht gerade einen verdorbenen Magen hat, so ...« Ach, es ist fast besser zu essen, als sich diese Predigt anzuhören!

Robert wartet im Restaurant. »Du willst nichts essen, Kindchen, keinen Hunger ...? Na, dann wollen wir gleich gehen!«

Das hingegen findet Lizzie ausgesprochen verwerflich und lieblos.

Romano ist ein junger Künstler. Komponist. Er hat in Hietzing ein Komfortzimmer mit Flügel, Frühstück und Damenbesuch. Er ist eine Seele von einem Menschen. Er redet nicht zum Essen zu, sondern richtet unwiderstehliche Sandwiches her und freut sich wie eine fürsorgliche Mama, wenn es Lizzie schmeckt. Und Lizzie erzählt, Romano hört zu. Einfach bezaubernd! Aber dann will er küssen. Das findet Lizzie nicht schön; sie hat doch gehofft, eine Seele zu finden.

Es ist eine herbe Enttäuschung. Romano ist beschämt und läßt von seinem Beginnen ab. Nun wird musiziert.

Lizzie ist mit Recht empört. Warum hat er sie eigentlich nicht mit vorgehaltenem Revolver gezwungen? Ist sie ihm soviel nicht wert gewesen? Von einem Komponisten, der Romano heißt, kann man wirklich mehr Leidenschaft verlangen. Nicht wahr?

Und zu wem soll Lizzie jetzt gehen mit ihrem großen Kummer? Weder der besten, noch der allerbesten Freundin kann man das erzählen. Diesen schadenfrohen Gänsen? Unmöglich! Für Max wäre es ein Scheidungsgrund, und Robert würde es ihr immer vorwerfen.

In den größten Schmerzen unseres Lebens sind wir immer allein.

Man hat gelacht ...

Loni schaut noch einmal in den Spiegel und betrachtet aufmerksam ihr geschminktes Gesicht. Sie steht auf und macht einige Schritte, langsame, unnatürliche Schritte. Sie beobachtet angestrengt ihr weißseidenes Stilkleid, das beim Gehen zärtliche Falten wirft. Sie hebt die schlanken, weißgepuderten Arme und spricht halblaut einen Vers ihres Chansons. Aber plötzlich bricht sie ab ... Sie sieht sich in dem winzigen Garderobenraum um, mit verändertem Gesicht schließt sie ihre Schminkschachtel und geht rasch aus dem Zimmer.

Der Gang ist grell und häßlich beleuchtet, Kellner rennen mit roten Gesichtern an ihr vorbei und rufen: »Pardon ... Soß' ... bitteee ...« Am Eingang zur Bar steht der Klavierspieler, er ist weißhaarig und distinguiert. Loni geht auf ihn zu und lächelt, um Trost und Fürsprache bittend.

»Aufgeregt?« fragt der vornehme, weißhaarige Herr freundlich. Loni nickt.

»Feines Publikum heute«, plaudert er weiter. »Überhaupt unsere Stammgäste ... tadellose Leute ... Schauspieler, Literaten ... Sie werden sich hier sehr wohl fühlen ...«

»Ja, wenn ich das Engagement kriege. Von heute abend hängt ja alles ab. Glauben Sie, ich werde gefallen?«

»Aber sicher, wer wird denn so ängstlich sein?«

Der Direktor kommt. Es ist ein alter, dicklicher Mann, er würde sich selbst sehr ungern als Gast in seiner eleganten, kleinen Bar begrüßen. Er bleibt vor Loni stehen und mustert sie. Sein Gesicht ist mißgelaunt wie immer.

Er nickt nur auf den Gruß der beiden und sagt: »Na, was ist, wollen wir sie loslassen?«

»Gleich?« fragt Loni beklommen.

»Na, gut, sagen wir gleich«, der Klavierspieler legt seine Zigarette weg, richtet mechanisch seinen Kragen und lächelt Loni beruhigend zu. Die Garderobenfrau kommt und beginnt nochmals Lonis Kleid zurechtzuzupfen. »Ein bisserl zu blaß sind Sie, Fräulein ... und nur nicht aufgeregt sein ... nur ruhig bleiben ... und deutlich sprechen ... sprechen ...«

Loni nickt. Sie hört, wie draußen in der Bar einige verbindliche Worte über sie gesagt werden ... Jetzt ist der erste Tusch, der zweite Tusch ... Loni eilt hinaus.

Schwacher Applaus empfängt sie. Während sie sich verbeugt, suchen ihre Augen die prominenten Gäste der Bar. Sie erkennt das zarte Profil von Margot Reimann, Star des Theaters in der Paulusstraße. Margot Reimann saugt andächtig an ihrem Strohhalm, sie ist dieser Beschäftigung ganz hingegeben und kann durch nichts darin gestört werden. Amüsiert betrachtete dieses graziöse Schauspiel Alexander Drews. Er ist ein berühmter Regisseur und Margots Freund. Loni weiß das. Aber auch die Gäste der Bar wissen das und interessieren sich für die Schauspielerecke viel mehr als für Lonis kleines Liebeslied.

Loni beginnt zu singen. Kleine, verzagte Töne kommen aus ihrer Kehle. Alexander Drews hat gute Manieren – er hat sich von seiner kapriziösen Freundin ab- und der jungen Sängerin zugewendet. Er klemmt umständlich sein Monokel ein und markiert wohlwollendes Interesse. Loni lächelt ihn dankbar an, ihre Stimme durchdringt siegreich den schweren Zigarettenrauch in der Luft. Die anderen Gäste folgen gehorsam Alexander Drews' Beispiel und hören Loni zu. Jetzt muß es ja klappen ... Lonis Angst schwindet, sie wagt, ihre Stimme zu heben und die Arme auszustrecken. Sie neigt den Kopf zur Schulter – eine dunkle Locke fällt auf die weiße Seide. Das sieht sicher sehr gut aus. In den Gesichtern ringsum erkennt sie Ergriffenheit und Mitgefühl. Sie faltet ihre kleinen, weißen Hände und senkt beim Refrain ihre Stimme zu einem leisen, aber eindringlichen Flüstern. Das ist neuartig, aber nicht kitschig ... Jetzt nur noch die letzte Strophe, die allerletzte ... Da dringt ein leises, verhaltenes Kichern zu ihr. Loni überläuft es siedend heiß ... Was hat Margot Reimann wieder Originelles angestellt? Bloß nicht hinsehen, das würde sie vollends verwirren ... Neue Gäste kommen und machen Lärm. Ein unwilliges »Pst« ist zu hören ... Das war Alexander Drews. Aber der Beginn der letzten Strophe ist untergegangen ... Noch zwei Zeilen, die alles retten müssen. Sie singt diese letzten zwei Zeilen, und sie spürt, sie singt gut. Noch ein Akkord trennt sie von dem Urteil – gut oder böse –, das gleich über sie entscheiden muß ...

Da, ein Aufschrei – Margot Reimann hat ihr Sektglas umgeworfen und springt entsetzt auf ihren Stuhl – ihr Abendkleid ist patschnaß. »Du Ferkel«, ruft Alexander Drews entrüstet. Schallendes Gelächter aller Gäste.

Lonis Lied ist beendet. Sie verbeugt sich mechanisch und geht ab. Sie hört Applaus, aber sie wendet sich nicht um. Rasch, rasch weg, allein sein, weinen können ... Man hat ihr nicht zugehört. Und sie hört nicht mehr, wie Drews einen schüchternen Versuch macht, ihre Ehre zu retten. »Ein Glück für dich«, sagt er laut genug zu Margot Reimann, »daß Pointenmord nicht strafbar ist ...«

Als Loni ihre Garderobe aufsperren will, erreicht sie der Direktor. Sein mißvergnügtes Gesicht zwingt sich zu einer freundlichen Grimasse: »Also, die Leute haben gelacht ... Na, schön, machen wir es vorläufig fix auf vierzehn Tage. Wollen Sie?«

Berlin, Kantstraße, Tanz-Cabaret Valencia

Endlich allein!

Martin geht langsam nach Hause. Es ist sehr mild, und er trägt seinen Hut in der Hand, er hat den Mantel geöffnet und denkt: ›Es ist schönes Wetter.‹ Er geht ein wenig unsicher und zögernd, wie ein Mensch, der kein sicheres Ziel hat und der sich unterwegs noch überlegen könnte, wohin es geht. Aber er geht auf dem kürzesten Weg nach Hause, denn es ist halb sechs Uhr, und das ist die Stunde, in der Martin seit zehn Jahren nach Hause geht. Er hält auf Ordnung und Einteilung, besser gesagt, seine Frau hält darauf. Und deshalb geht Martin heute, so wie jeden Tag, nach Hause, obwohl seine Frau um fünf Uhr weggefahren ist und keine Strafpredigt ihn empfangen könnte, wenn er erst um sechs ..., um sieben Uhr oder noch später käme. Er knöpft auch wieder seinen Mantel zu, er setzt seinen Hut auf, denn er weiß, daß seine Frau jetzt sagen würde: »Du bist unvorsichtig wie immer, du wirst dich erkälten, und ich werde dann die Arbeit mit deiner Krankheit haben.«

Er geht langsam die Treppen hinauf. Im ersten Stock fühlt er, wie immer, eine leichte Beklemmung, die sich auf seine Brust legt und von Stufe zu Stufe unangenehmer wird. Im zweiten Stock ist er zu Hause angelangt. Er putzt sorgfältig seine Schuhe, er sperrt umständlich die Türe auf, zuerst das Patent- und dann das tosische Schloß, er macht die Türe leise, sehr leise zu, denn Therese kann laute Geräusche nicht vertragen. Erst als er das Vorzimmer betritt und mit einstudierter Genauigkeit Rock und Hut in den Kasten gibt (Kleidungstücke dürfen niemals sichtbar verwahrt sein, das macht Therese wahnsinnig), fällt ihm ein, daß ihn kein strafender Blick begrüßen wird und daß er heute nicht erfahren kann, daß die Bedienerin nur aus Falschheit, die Wäscherin nur aus Bosheit und, kurzum, die ganze Welt nur aus Schlechtigkeit besteht ... Er ist allein zu Hause. Therese ist auf zwölf Tage verreist. Aber der beklemmende Druck auf dem Herzen, der seit zehn Jahren zehn Minuten nach halb sechs Uhr jeden Tag beginnt, will noch nicht weichen. Er betritt unschlüssig das Wohnzimmer, und, einem plötzlichen Einfall nachgebend, läßt er die Türe laut ins Schloß fallen. Er zuckt zusammen. Nichts geschieht. Die Wohnung ist leer. Er öffnet die Türe ins Nebenzimmer ... Er geht auf und ab ... Und plötzlich geht er zum Fenster und reißt beide Flügel auf; warme, weiche Frühlingsluft kommt herein. Er öffnet auch das andere Fenster und dann die Türen ... Zugluft! Nichts geschieht. Absolut nichts. Er ist allein zu Hause, er kann tun, was er will. Es ist unfaßbar!

Nach dem Abendbrot, das er sich selbst bereitet (in der Speisekammer sind Lebensmittel und schriftliche Anweisungen vorrätig), geht Martin noch aus. Er geht in ein Kaffeehaus und kommt spät nach Hause, sehr spät. Er hängt die Kleider auf den Vorzimmerrechen, und im Vorbeigehen streift er ein wenig den Schirmständer, er fällt um, und es macht Lärm. Martin lächelt zärtlich und hebt den Schirmständer auf, er pfeift dabei.

Am nächsten Tag findet er einen Zettel seiner Bedienerin: »Der Herr Doktor hat gestern ein wenig Asche auf den Teppich gestreut.« Martin liest den Zettel aufmerksam und leert dann umständlich den gesamten Inhalt des Aschenbechers auf den Boden.

Am nächsten Tag bemerkt Martin, daß er sich aufs Nachhausekommen freut und daß im ersten Stock der beklemmende Druck in der Brust ausbleibt.

Als er zwei Tage später pfeifend die Wohnungstüre aufsperrt, bleibt er wie angewurzelt stehen, zwischen Besen, Kübel, Wassermengen, Seife und Sirax steht unfreundlich, drohend, mit hängenden Haaren und bösem Blick die Bedienerin und sagt: »Na, gründlich saubermachen muß ich ..., bevor die Gnädige kommt. Da schaut's ja aus ...!«

»So ..., dann will ich Sie nicht stören«, sagt Martin und geht wieder weg.

Im ersten Stock bleibt er einen Augenblick stehen, er schließt die Augen und hält sich am Geländer fest, dann geht er langsam weiter. Seine Hand liegt auf der linken Seite seiner Brust.

In der Nacht erwacht er, er hört eine wohlbekannte Stimme sagen: »Dieser ordinären Person habe ich es aber gegeben!« Er wirft sich stöhnend auf die andere Seite. Noch zwei Tage Frist.

Martin geht zum Bahnhof. Er hat Abschied von seiner Wohnung genommen. Er hat die Fenster geschlossen und die Aschenbecher geputzt. Jetzt holt er seine Frau ab. Martin geht sehr langsam. Ein wenig unsicher, als ob sein Ziel noch nicht feststünde und er sich noch überlegen könnte, wohin es geht. Er bleibt stehen und kauft ein Blumensträußchen, er zahlt zwanzig Groschen dafür, und er hört eine erbitterte Stimmen sagen: »Immer diese unnützen Ausgaben.«

Vor ihm geht ein junges Mädchen. Sie geht sehr rasch und sicher, sie strebt eilig, mit federndem Gang einem ersehnten Ziele entgegen. Es ist ein hübsches, schlankes Mädchen. Martin überholt sie und kann feststellen, daß sie große, verträumte Augen und einen weichen, zärtlichen Mund hat. Das Mädchen biegt in eine Seitengasse, Martin kann ihr nicht folgen, denn der Bahnhof liegt in einer anderen Richtung.

Die laue Luft legt sich Martin beklemmend und angsterregend auf die Brust. Er nimmt den Hut ab und wischt sich die Schweißperlen von der Stirne. Er ist ein wenig schwindlig. Wie er die Augen schließt, hat er Lust, ein bißchen zusammenzusinken. Dann reißt er sich zusammen und geht rasch, sehr rasch zum Bahnhof.

Der Zug hat Verspätung. Martin geht auf und ab. Er betrachtet die Blumen und denkt an das junge Mädchen, an ihre leuchtenden, zärtlichen Augen und an den feingeschwungenen Mund. Er will nicht länger an das Mädchen denken, er versenkt die Blumen in seiner Tasche. Er will an Therese denken. Sie wird wieder einen Streit mit einer Coupé-Gefährtin und bei den Verwandten nur Arbeit, Ärger und keinen Dank gehabt haben.

Der Zug hat bereits zwanzig Minuten Verspätung. ›Vielleicht ist ein Unglück passiert‹, denkt es in ihm, und er spürt einen namenlosen, ungeheuren Schreck, er drängt seine Gedanken gewaltsam in eine andere Richtung, aber immer wieder sagt es irgendwo: ›Vielleicht ist der Zug entgleist.‹ Er kann es nicht hindern, daß er sich ein neues Leben ausmalen muß, daß er sich in seine Wohnung zurückkehren sieht, allein, ohne Therese, daß er sich Besitz ergreifen sieht von seiner Wohnung, seinen Möbeln ..., seinem Leben ...

Der Zug fährt ein. Er stöhnt und pfeift, er macht Lärm,

er hält. Martin hört Vornamen durch die Luft schrillen, der Schrei nach dem Träger wird laut, Menschen stürzen sich in die Arme, es wird geweint und gelacht. Martin geht mit steifen Schritten über den Perron, und da – an einem der ersten Fenster: blaß, verbittert, drohend und unverändert das Gesicht einer Frau – seiner Frau.

KOMMENTAR

Editorische Vorbemerkung

Die vorliegende Edition versammelt erstmals Lili Grüns zu Lebzeiten in renommierten Zeitungen und Zeitschriften der 1920er-/1930er-Jahre wie »Berliner Tageblatt«, »Jugend« (München), »Moderne Welt« (Wien), »Pariser Tageblatt«, »Prager Montagsblatt«, »Prager Tagblatt«, »Simplicissimus« (München), »Tempo« (Berlin) und »Der Wiener Tag« publizierten Gedichte und Geschichten. Dabei erhebt diese Sammlung der Lyrik und Prosatexte Lili Grüns nicht den Anspruch auf Vollständigkeit: Zum einen konnte ein Nachlass Lili Grüns, der möglicherweise Manuskripte und Typoskripte sowie Nachweise über oder Hinweise auf Einzelveröffentlichungen der Autorin in Zeitungen und Zeitschriften der 1920er-/1930er-Jahre enthalten würde, von mir bisher nicht ermittelt werden. Zum anderen war Lili Grüns Publikationsradius zu Lebzeiten offenbar – das legen jedenfalls die von mir bis dato recherchierten Einzelveröffentlichungen nahe – sehr ausgedehnt. Das heißt, die Publikationstätigkeit der Autorin ist schwer zu überschauen, ihre einzeln veröffentlichten Gedichte und Geschichten sind weit verstreut und damit auch nicht ohne weiteres auffindbar. Einige ihrer Gedichte und Geschichten konnte Lili Grün gleich mehrfach zum Abdruck bringen, wobei die einzelnen Fassungen stilistisch und/oder inhaltlich zumeist kaum oder nur leicht voneinander abweichen. In diesem Kontext ist nicht mehr nachvollziehbar, ob die in den verschiedenen – gerade auch später – erschienenen Versionen ersichtlichen Textabweichungen bzw. -veränderungen von der Autorin selbst oder von der jeweiligen Zeitung bzw. Zeitschrift vorgenommen wurden. Für den hier vorliegenden Sammelband wurde dabei die nach objektiv literarisch-qualitativen Gesichtspunkten überzeugendste Textfassung ausgewählt.

Die Anordnung der Gedichte und Prosatexte Lili Grüns erfolgt in dieser Edition chronologisch nach dem Erscheinen ihrer hier dokumentierten jeweiligen Fassung. Der Abdruck des jeweiligen Gedichts bzw. Prosatexts folgt der im Kommentar genannten Druckvorlage der entsprechenden Zeitung oder Zeitschrift. Der Kommentar enthält außerdem Anmerkungen zu Einzelpersonen, Orten, Sachverhalten und Begriffen (einschließlich der Übersetzung fremdsprachiger Wörter), Informationen zu biographischen und historischen Hintergründen sowie erläuternde Hinweise auf Anspielungen, Redensarten, Zitate und Bibelstellen, die in Lili Grüns Gedichten und Geschichten aufscheinen. Diese Erläuterungen dienen in erster Linie zum besseren Verständnis der Einzelpublikationen Lili Grüns; sie erheben nicht den Anspruch eines historisch-kritischen Kommentars.

Den aufgefundenen Zeitungs- und Zeitschriften-Einzelveröffentlichungen Lili Grüns liegt die alte Rechtschreibung zugrunde. Offensichtliche Druck- oder Satzfehler in den Zeitungs- und Zeitschriften-Druckvorlagen wurden stillschweigend korrigiert. Uneinheitliche Groß- und Kleinschreibung in den Einzelveröffentlichungen – zum Beispiel bei der persönlichen Anrede – sowie uneinheitliche Zusammen- und Getrenntschreibung wurden korrigiert. Eine Vereinheitlichung auf Großschreibung erfolgte für die Zeilenanfänge in den Gedichten. Zur besseren Lesbarkeit wurden unterschiedlich benutzte Schreibweisen angepasst – beispielsweise bei den Umlauten »ae« in »ä« korrigiert. Ziffern wurden verschriftlicht. Die teils uneinheitlichen, teils falschen oder fehlenden Apostrophierungen in den Einzelveröffentlichungen wurden behutsam berichtigt. Orthographische Eigenheiten der Autorin – zum Beispiel dialektbedingte Einfärbungen der Sprache – wurden weitgehend belassen.

Die unterschiedliche Verwendung oder das Fehlen der Interpunktion in zahlreichen Gedichten und Geschichten wurden sanft korrigiert, wenn sich beispielsweise durch fehlende Kommata der Sinn eines Satzes schwer erschloss.

Hervorhebungen in den Zeitungs- und Zeitschriften-Druckvorlagen werden immer kursiv wiedergegeben.

Kommentar Gedichte

S. 6: **Adieu!**

Abdruck in: »B. Z. am Mittag« (Berlin), 12.09.1929.

Das Gedicht erschien unter dem Namen Lily Grün.

Ich, mein Kind, will in die Fremde wandern, – Lili Grün spielt variierend auf die erste Zeile »Wer in die Fremde will wandern,« des Gedichts »Heimweh« von Joseph von Eichendorff (1788–1857) an.

S. 7: **Monolog**

Abdruck in: »B. Z. am Mittag« (Berlin), 25.09.1929.

Das Gedicht erschien unter dem Namen Lili Grün.

»– – Ich bin im Februar neunzehnhundertvier in Wien geboren, – Lili Grün wurde als Elisabeth Grün am 3. Februar 1904 in Wien geboren.

Frühzeitig hab' ich Vater und Mutter verloren. – Als Lili Grün 11 Jahre alt war, starb ihre Mutter Regine (Regina) Grün, geborene Goldstein, an einem Hirnschlag; als sie 17 Jahre alt war, erlag ihr Vater Hermann (Ármin) Grün, ein jüdischer Kaufmann, einem langjährigen Nierenleiden.

S. 9: **Geliebter Freund**

Abdruck in: »Tempo« (Berlin), 01.11.1929.

Das Gedicht erschien unter dem Namen Lili Grün.

Ich sprech' nicht gern davon ... Kurz: Schwamm darüber! – Die Redensart »Schwamm drüber!« kommt in der Operette »Der Bettelstudent« (1882) des österreichischen Operettenkomponisten Karl Millöcker (1842–1899) vor und ist zusammen mit diesem Werk zunächst im Berliner Raum

populär geworden. Die Redensart »Schwamm drüber!«
bedeutet so viel wie »Schon gut!« oder »Das ist erledigt!«.

S. 10–11: **Der Schuft**

Abdruck in: »Jugend: Münchner illustrierte Wochenschrift für Kunst und Leben«, Nr. 25, 1930, S. 394.
Das Gedicht erschien unter dem Namen Lily Grün.

Und dazu noch wandelnder Sex-Appeal, – »Sex-Appeal« war
ein modisches Schlagwort der 1920er-/1930er-Jahre und
bezeichnete vor allem die sexuell-erotische Ausstrahlung
und Anziehungskraft von Frauen.

S. 12–13: **Rezepte fürs Herz**

Abdruck in: »Prager Tagblatt/Unterhaltungs-Beilage«,
15.06.1930, S. IV.
Das Gedicht erschien unter dem Namen Lili Grün.

Der Sie einstens treulos verließ. – Ein veralteter Begriff für
»einst« ist »einstens«.

Und er bleibt wie angewurzelt stehn: – Lili Grün verwendet
die Redensart »Wie angewurzelt stehen bleiben« im Sinne
von »vor Überraschung/Verwunderung/Aufregung stehen bleiben«.

»Beim wunderbaren Gott – dies Weib ist schön!« – Lili Grün
variiert leicht ein Zitat aus dem Drama »Don Carlos,
Infant von Spanien« (1787) von Friedrich Schiller (1759–
1805). Mit den Worten »Beim wunderbaren Gott – das
Weib ist schön!« (2. Akt, 8. Auftritt) zeigt Don Carlos, wie
sehr er sich von der Prinzessin von Eboli angezogen
fühlt. Um die Schönheit einer Frau hervorzuheben, wird
das Zitat auch heute noch – meist ironisch gebrochen –
verwendet.

Nein, in einem Tonfilm sollte mein Herz im Dreivierteltakt klingen. / [...] Text von Fritz Rotter, Musik von Robert Stolz! – Fritz Rotter (1900–1984) war ein österreichischer Autor und Komponist. In den 1920er-Jahren verließ er Wien und ging nach Berlin, wo er als Liedtexter und Filmmusik-Komponist u. a. mit Robert Stolz zusammenarbeitete. Rotter wurde zu einem der erfolgreichsten Songwriter im deutschsprachigen Raum; zu seinen bekanntesten Schlagern gehören »Wenn der weiße Flieder wieder blüht«, »Veronika, der Lenz ist da« und »Ich küsse ihre Hand, Madame«. Robert Stolz (1880–1975) war ein österreichischer Komponist und Dirigent. Mit über 60 Operetten gilt er gemeinhin als letzter Vertreter der Wiener Operette; darüber hinaus schrieb er die Musik zu zahlreichen Spielfilmen. Viele Stücke aus seinen Werken sind bis heute populär und beliebt, zum Beispiel »Wien wird bei Nacht erst schön«, »Im Prater blüh'n wieder die Bäume« und »Mein Liebeslied muß ein Walzer sein«. Für den überaus erfolgreich laufenden Tonfilm »Zwei Herzen im ¾-Takt« (1930) schuf Robert Stolz die Filmmusik, Fritz Rotter lieferte die Liedtexte dazu.

Und Willy Fritsch müßte mit begeisterter Stimme singen: – Willy Fritsch, geboren als Wilhelm Egon Fritz Fritsch (1901–1973), war ein deutscher, in den 1920er-Jahren äußerst populärer Schauspieler. In der Rolle des jugendlich-attraktiven Liebhabers und charmanten Frauenhelds feierte er an der Seite berühmter Kolleginnen seiner Zeit – vor allem aber mit Lilian Harvey (1906–1968) – große Erfolge in UFA-Filmen wie »Liebeswalzer« (1929), »Die Drei von der Tankstelle« (1930) und »Der Kongreß tanzt« (1931).

S. 14: **Elegie bei einer Tasse Mocca**
Abdruck in: »Jugend: Münchner illustrierte Wochenschrift für Kunst und Leben«, Nr. 30, 1930, S. 475.
Das Gedicht erschien unter dem Namen Lili Grün.

Elegie bei einer Tasse Mocca – Eine »Elegie« ist ein Gedicht im Ton einer Klage, die eine melancholische, wehmütige Grundstimmung aufweist. Als »Mokka« (österreichisch besonders »Mocca«) wird ein sehr starker, aus Mokka-Bohnen zubereiteter Kaffee bezeichnet, der meist aus kleinen Tassen getrunken wird.

Ins Romanische Café verirrt, – Lili Grün meint das »Romanische Café« in Berlin, gelegen an der Ostseite des Auguste-Viktoria-Platzes (heute: Breitscheidplatz) im zweiten »Romanischen Haus«, Budapester Straße 10, von dem es seinen Namen ableitete. Das »Romanische Café« war *der* universale Mittelpunkt des geistigen Berlins, der bekannteste Intellektuellen-, Künstler- und Literatentreff der Weimarer Zeit.

S. 16: **Wiegenlied für einen kranken Dichter**
Abdruck in: »Prager Tagblatt/Der Sonntag«, 10.08.1930, S. II.
Das Gedicht erschien unter dem Namen Lili Grün.

Schlaf ein, kleiner Peter, schlaf ein, schlaf ein – – Lili Grün spielt auf das berühmte Wiegenlied »Schlafe, mein Prinzchen, schlaf ein« an, welches lange Zeit fälschlicherweise Wolfgang Amadeus Mozart (KV 350), dann Bernhard Flies zugeschrieben wurde. Tatsächlich stammt die Musik jedoch von Johann Friedrich Anton Fleischmann (1766–1798), der Text ist von Friedrich Wilhelm Gotter (1746–1797) aus dem Schauspiel »Esther« (1796).

Und es bittet dich Max Reinhardt, bei ihm Dramaturg zu sein – – Max Reinhardt (1873–1943) war ein österreichischer Schauspieler, Theaterregisseur, -gründer und -leiter sowie Filmregisseur und -produzent. Reinhardt leitete über drei Jahrzehnte erfolgreich mehrere Berliner Bühnen. 1920 wurde er mit seiner »Jedermann«-Inszenierung Mitbegründer und Leiter der »Salzburger Festspiele«. 1924 übernahm er außerdem die künstlerische Leitung des Wiener »Theater in der Josefstadt«. Für den Nachwuchs gründete Reinhardt 1929 in Wien eine Schauspiel- und Regieschule, das bis heute berühmte »Max Reinhardt Seminar«.

S. 17: **Jung enttäuscht**
Abdruck in: »Das Leben« (Leipzig), H. 4, 1930, S. 45.
Das Gedicht erschien unter dem Namen Lili Grün in einer vierteiligen Serie mit dem Titel »Junge Mädchen. Vier Kunstphotographien. Mit Gedichten« zu einer Schwarz-Weiß-Photographie (Frauenakt) des Ateliers Schaefer.
Meine Freundin Trude nennt mich Lya, / Doch Lisl ist mein wirklicher Name. – Der weibliche Vorname »Lya« kommt aus dem Schwedischen. Im Vergleich zu den bis in die 1920er-Jahre im deutschsprachigen Raum häufig vergebenen weiblichen Vornamen »Trude« (Kurzform vor allem von »Gertrud«) und »Lisl« (Kurzform von »Elisabeth«) klingt dieser fremd und geheimnisvoll und soll seine Trägerin interessanter erscheinen lassen.

S. 19: **Die Verkäuferin**

Abdruck in: »Das Leben« (Leipzig), H. 4, 1930, S. 46.

Das Gedicht erschien unter dem Namen Lili Grün in einer vierteiligen Serie mit dem Titel »Junge Mädchen. Vier Kunstphotographien. Mit Gedichten« zu einer Schwarz-Weiß-Photographie der Schauspielerin Cécile Gelers (Lebensdaten unbekannt) des Ateliers Schneider.

S. 20: **Mädchenhimmel!**

Abdruck in: »Das Leben« (Leipzig), H. 4, 1930, S. 47.

Das Gedicht erschien unter dem Namen Lili Grün in einer vierteiligen Serie mit dem Titel »Junge Mädchen. Vier Kunstphotographien. Mit Gedichten« zu einer Schwarz-Weiß-Photographie (Frauenbeine) des Ateliers Manassé.

S. 22: **Einzelhaftpsychose**

Abdruck in: »Das Leben« (Leipzig), H. 4, 1930, S. 48.

Das Gedicht erschien unter dem Namen Lili Grün in einer vierteiligen Serie mit dem Titel »Junge Mädchen. Vier Kunstphotographien. Mit Gedichten« zu einer Schwarz-Weiß-Porträt-Photographie der Schauspielerin Alexa von Porembsky (1906–1981) des Ateliers Binder.

»In Neukölln hat einer seine Frau erstochen – –« – »Neukölln« ist ein Stadtbezirk von Berlin. In den 1920er-Jahren war dieser Bezirk überwiegend proletarisch geprägt.

S. 23: **Kurzer Zwischenfall**

Abdruck in: »Die Frechheit: Ein Magazin des Humors« (Berlin), H. 1, 1931, S. 7.

Das Gedicht erschien unter dem Namen Lili Grün.

S. 25: **Langweiliger Tag**
Abdruck in: »Uhu: Das neue Ullstein-Magazin« (Berlin),
Nr. 8, 1931, S. 85.

Das Gedicht erschien unter dem Namen Lili Grün in
einer Gedichte-Serie mit dem Titel »Kollektiv-Klage junger Mädchen« illustriert mit Schwarz-Weiß-Photographi-
en (Frauen-Porträts). Die drei anderen Gedichte sind von
Grete Edsen (Lebensdaten unbekannt), Alix Schütz
(Lebensdaten unbekannt) und Tillrot (Lebensdaten unbekannt).

S. 26–27: **Ein Fräulein erwacht in einer fremden
Wohnung**
Abdruck in: »Berliner Tageblatt/Morgen-Ausgabe«,
06.06.1931.
Das Gedicht erschien unter dem Namen Lili Grün.

Natürlich, ausgerechnet so ein starkes Kraut, – Lili Grün verwendet den Ausdruck »starkes Kraut« umgangssprachlich
für »starker Tabak«.

Ich bin so verknautscht. – Der Begriff »verknautscht«
bedeutet »zerknittert« oder »zerdrückt« und wird von Lili
Grün im übertragenen Sinne für »körperlich und psy-
chisch lädiert sein« benutzt.

S. 29: **Reisebekanntschaft**
Abdruck in: »Prager Tagblatt/Der Sonntag«, 26.07.1931,
S. I.
Das Gedicht erschien unter dem Namen Lili Grün.

Man spricht von Remarque und Sigmund Freud, – Erich
Maria Remarque (1898–1970) war ein deutscher Schriftsteller. Durch seinen 1928/29 erschienenen und 1930 von

Universal Pictures verfilmten Antikriegsroman »Im Westen nichts Neues«, in dem er u. a. seine Erlebnisse als Soldat im Ersten Weltkrieg (1914–1918) verarbeitete, gelangte Remarque zu Weltruhm. – Weltweite Bekanntheit erlangte Anfang des 20. Jahrhunderts auch der österreichische Neurologe und Tiefenpsychologe Sigmund Freud (1856–1939) als Begründer und als einer der wichtigsten Vertreter der Psychoanalyse, einer Methode der Psychotherapie.

S. 30–31: **Eine Frau überlegt**
Abdruck in: »Jugend: Münchner illustrierte Wochenschrift für Kunst und Leben«, Nr. 9, 1932, S. 139.
Das Gedicht erschien unter dem Namen Lili Grün.
   Da denkt man: Wenn's bloß Jung Siegfried wär'! / Ein Held muß es sein. – Lili Grün spielt auf die in verschiedenen germanischen Sagenkreisen vertretene Figur des strahlenden Helden Siegfried an, der sich durch immense jugendliche Schönheit und übermenschliche Kräfte auszeichnet und einen Drachen tötet.

S. 32–33: **Lied der Stenotypistin**
Abdruck in: »Das Leben« (Leipzig), H. 9, 1932, S. 64 - 65.
Das Gedicht erschien unter dem Namen Lili Grün zu einer Schwarz-Weiß-Photographie (Stenotypistin) des Ateliers Gerstenberg.
   Lied der Stenotypistin – Unter einer »Stenotypistin« versteht man eine weibliche Person, die Stenografie und Maschinenschreiben beherrscht.

S. 34: **Das erfahrene Mädchen**

Abdruck in: »Prager Montagsblatt«, 26.03.1934.

Das Gedicht erschien unter dem Namen Lili Grün.

So in den guten Achtzigerjahren. – Gemeint sind die 1880er-Jahre, eines der stabilsten Jahrzehnte der Habsburgermonarchie Österreich-Ungarns unter Kaiser Franz Joseph I. (1830–1916).

Ich weiß, daß alle Menschen Brüder sind / Und daß wir gleich sind vor Gesetz und Recht, – Lili Grün spielt hier vermutlich teilweise auf die bekannten Parole-Ideale der Französischen Revolution – »Freiheit, Gleichheit, Brüderlichkeit« (französisch »Liberté, Égalité, Fraternité«) – an.

Ein großer Maler war Herr Moritz Schwind, – Moritz Ludwig von Schwind (1804–1871) war ein österreichischer Maler und Zeichner. Er gilt als einer der bedeutendsten und populärsten Vertreter der deutschen Spät-Romantik.

Und die Dreigroschenoper schrieb Bert Brecht. – Berthold »Bert« Brecht (1898–1956) war ein deutscher Dramatiker und Dichter. Mit seiner von dem deutsch-amerikanischen Komponisten Kurt Weill (1900–1950) vertonten und 1928 im Berliner »Theater am Schiffbauerdamm« erstmals aufgeführten »Dreigroschenoper« feierte Brecht einen der größten Theatererfolge der Weimarer Zeit. Einige Lieder des Schauspiels, darunter vor allem »Die Moritat von Mackie Messer«, erlangten in den 1920er-Jahren große Popularität.

Ich weiß, daß Gottes Mühlen langsam, aber sicher mahlen, – Lili Grün variiert die erste Zeile »Gottes Mühlen mahlen langsam, mahlen aber trefflich klein,« des Gedichts »Göttliche Rache« des deutschen Dichters Friedrich von Logau (1605–1655).

Ich weiß, daß wir jetzt das Jahr vierunddreißig schreiben –
Gemeint ist das Jahr 1934.

S. 35–36: **Weißt du, was mich schrecklich kränkt?**

Abdruck in: »Prager Montagsblatt«, 09.04.1934.
Das Gedicht erschien unter dem Namen Lili Grün.

So ein richtiger Vamp aus Hollywood, – Als »Vamp« (eine
Kürzung aus dem englischen »vampire«/»Blutsauger«)
wird der Typ der verführerischen, erotisch anziehenden,
extravaganten Frau – besonders als Typ des US-amerika-
nischen Hollywood-Films – bezeichnet, die sehr genau
um ihre Wirkung weiß und diese zur Erreichung ihrer
Ziele kühl berechnend gegenüber ihren männlichen Ver-
ehrern einzusetzen weiß.

Kurz entschlossen an die Moldau ziehn, – Die »Moldau« ist
der längste Fluss in Tschechien.

Ließ ich meinen Achtzylinder – Als »Achtzylinder« bezeichnet man Hubkolben-Motoren, die acht Zylinder haben.
Im Automobilbau wurden Achtzylinder-Reihenmotoren
nur in den 1920er- und 1930er-Jahren als Antrieb für
luxuriöse Oberklassewagen gefertigt.

S. 37: **Schüchterner Flirt mit dem vermummten Herrn**

Abdruck in: »Prager Montagsblatt«, 13.08.1934.
Das Gedicht erschien unter dem Namen Lili.

Und es ist so lieb, wenn uns ein Mann in den Armen hält, – Lili
Grün verwendet die im süddeutschen Sprachraum verbreitete Redewendung »es ist lieb«, welche »es ist schön«
bedeutet.

S. 38–39: **Abschied von der letzten Saison**
Abdruck in: »Prager Montagsblatt«, 27.08.1934.
Das Gedicht erschien unter dem Namen Lili.

Sitz' faul am Kanapee und pflege meine Hände. – Das »Kanapee« ist eine Eindeutschung aus dem Französischen
(»canapé«/»Sofa«).

S. 40–41: **Uralte Liebesmelodie**
Abdruck in: »Prager Montagsblatt«, 03.09.1934. Teile des
Gedichts verwendete Lili Grün leicht abgewandelt bereits
in ihrem 1933 beim Wiener Paul Zsolnay Verlag erschie-
nenen Roman »Herz über Bord« (Neuauflage 2009 beim
Berliner AvivA Verlag unter dem Titel »Alles ist Jazz«,
herausgegeben und mit einem Nachwort von Anke
Heimberg), S. 92 ff.
Das Gedicht erschien unter dem Namen Lili.

Dann werd' ich Kurtisane, – Als »Kurtisane« (abgeleitet
von französisch »courtisane«, über italienisch »cortigia-
na«, der weiblichen Form von »cortigiano«/»Höfling«)
wurde vom 16. bis ins 19. Jahrhundert hinein meist die –
ausgehaltene – Geliebte eines oder mehrerer Männer von
Adel bezeichnet. Der Begriff wird umgangssprachlich bis
heute teilweise in der Bedeutung »Prostituierte« gebraucht.

S. 42–43: **Im Zimmer wird es langsam dunkel**
Abdruck in: »Prager Montagsblatt«, 10.09.1934.
Das Gedicht erschien unter dem Namen Lili.

Industrien und Banken krachen. – Lili Grün rekurriert auf
den Börsencrash von 1929 in New York und die nachfol-
gende, weltweit anhaltende Wirtschaftskrise.

Weißt du, wir sind kleine Kinder, [...] – In der dritten Gedicht-Strophe spielt Lili Grün auf das Märchen »Hänsel und Gretel« der deutschen Märchensammler, der Brüder Jacob Grimm (1785–1863) und Wilhelm Grimm (1786–1859), an.

Ernst, mein Freund, ich bin so traurig – / *[...] Ernst, nicht wahr, du bringst sie um?* – Lili Grün spricht direkt ihren damaligen Lebensgefährten, den österreichischen Journalisten und Schriftsteller Ernst Spitz (1902–1940), an. Ihm widmete Grün ihren 1935 bei der Züricher Bibliothek zeitgenössischer Werke publizierten Theater-Roman »Loni in der Kleinstadt« (Neuauflage 2011 beim Berliner AvivA Verlag unter dem Titel »Zum Theater!«, herausgegeben und mit einem Nachwort von Anke Heimberg).

Du hast einen großen Teppich, [...] – Lili Grün verwendet in der vierten Strophe das Motiv des »fliegenden Teppichs«, eines mythischen Transportmittels, das in Europa insbesondere mit der Sammlung morgenländischer Erzählungen »Tausendundeine Nacht« verbunden wird.

S. 44–45: Ich möchte wieder achtzehn Jahre sein ...
Abdruck in: »Prager Montagsblatt«, 24.09.1934.
Das Gedicht erschien unter dem Namen Lili.

S. 46: Frauen haben keine Vergangenheit
Abdruck in: »Prager Montagsblatt«, 08.10.1934.
Das Gedicht erschien unter dem Namen Lili.

S. 47: Weihnachtsvorbereitung einer Junggesellin
Abdruck in: »Prager Montagsblatt«, 10.12.1934.
Das Gedicht erschien unter dem Namen Lili.

S. 48: **Notschrei einer allzu Braven**

Abdruck in: »Prager Montagsblatt«, 24.06.1935.

Das Gedicht erschien unter dem Namen Lili Grün.

Laß mich tolle Kapriolen schlagen, – Die gängige Redensart »Kapriolen schlagen« bzw. »Kapriolen machen« meint »Luftsprünge machen«, »Freudensprünge machen«; Lili Grün verwendet diese hier im übertragenen Sinne von »Unsinn machen«, »übermütig sein«.

Laß mich faul auf meinem Diwan liegen – Ein »Diwan« ist ein niedriges Liegesofa.

Brav bleibt brav und schlimm bleibt schlimm – – Lili Grün variiert die gängige Redensart »brav bleibt brav und dumm bleibt dumm«.

S. 49–50: **Man kann so tun ...**

Abdruck in: »Der Wiener Tag«, 16.06.1937.

Das Gedicht erschien unter dem Namen Lili Grün.

Denn Arbeit ist, wie jeder weiß, / Die allerbeste Medizin. – Lili Grün spielt variierend auf den bis heute bekannten Grundsatz »Arbeit ist die beste Medizin, die uns die Natur gegeben hat« des römischen Arztes Claudius Galenus (Galen) von Pergamon (um 129–199 nach Christus) an, der damit ein damals gängiges medizinisches Verfahren für die Heilung von Körper und Seele beschrieb.

S. 51: **Lied einer Ehefrau**

Abdruck in: »Der Wiener Tag«, 05.08.1937.

Das Gedicht erschien unter dem Namen Lili Grün.

S. 52: **Gespräch vor meinem Spiegelbild**
Abdruck in: »Der Wiener Tag«, 19.09.1937.
Das Gedicht erschien unter dem Namen Lili Grün.

Gespräch vor meinem Spiegelbild – Bereits mit dem
Gedicht-Titel verweist Lili Grün ironisierend auf das
Motiv des sprechenden Spiegels und damit auf das in den
nachfolgenden Zeilen anklingende Märchen »Schneewitt-
chen« der deutschen Märchensammler, der Brüder Jacob
Grimm (1785–1863) und Wilhelm Grimm (1786–1859).

Bin im Prater schreiend Karussell gefahren, – Mit dem »Prater« meint Lili Grün den berühmten und u. a. mit Fahr-
geschäften bestückten Vergnügungspark im nordwestli-
chen Teil des Erholungsgebiets Wiener Prater im 2.
Wiener Gemeindebezirk (Leopoldstadt).

Liebe, Glauben, Hoffnung zu verlieren. – Lili Grün variiert
den bekannten neutestamentlichen Bibeltext eines Pau-
lus-Briefes: »Für jetzt bleiben Glaube, Hoffnung, Liebe,
diese drei; / doch am größten unter ihnen ist die Liebe.«
(Der erste Brief an die Korinther/Das Hohelied der Liebe 13.13). Möglicherweise spielt sie auch auf das bekannte Drama »Glaube Liebe Hoffnung« (1932) des öster-
reichisch-ungarischen Schriftstellers Ödön von Horvath
(1901–1938) an.

Ja, aus Kindern werden Leute! – Lili Grün verwendet einen
Teil des deutschen Sprichworts »Aus Kindern werden
Leute, Aus Jungfern werden Bräute«.

Kommentar Geschichten

S. 56–59: **Glückliche Ehe**

Abdruck in: »Prager Tagblatt/Der Sonntag«, 13.07. 1930, S. II.

Die Geschichte erschien unter dem Namen Lily Grün.

Nachwucher – Unter dem »Nachwucher« versteht man den Erwerb und die Weiterveräußerung bzw. Geltendmachung einer wucherischen Forderung.

Angestelltengesetz – Mit dem »Angestelltengesetz« wird in Österreich das Dienstverhältnis der Angestellten geregelt.

S. 60–61: **Talentlose Männer**

Abdruck in: »Prager Tagblatt«, 16.08.1930.

Die Geschichte erschien unter dem Namen Lili Grün.

S. 62–64: **Wir sind eifersüchtig**

Abdruck in: »Prager Tagblatt/Der Sonntag«, 07.09. 1930, S. II.

Die Geschichte erschien unter dem Namen Lili Grün.

Westend – Das »Westend« ist ein Ortsteil von Berlin, der westlich von Charlottenburg gelegen ist. Er gehört heute zum Bezirk Charlottenburg-Wilmersdorf.

Wilmersdorf – »Wilmersdorf« ist ein Ortsteil von Berlin, der heute zum Bezirk Charlottenburg-Wilmersdorf gehört.

S. 65–67: **Tagebuch**

Abdruck in: »Prager Tagblatt/Der Sonntag«, 01.02. 1931, S. II.

Die Geschichte erschien unter dem Namen Lili Grün.

Bureau – »Bureau« ist die französische Schreibung von Deutsch »Büro«.

Engagement – Unter einem »Engagement« wird die berufliche Anstellung zum Beispiel eines/einer (Bühnen-)Künstlers/Künstlerin verstanden.

Andersen-Geschichte von der Schneekönigin – Lili Grün spielt auf das Kunstmärchen »Die Schneekönigin« des dänischen Dichters Hans Christian Andersen (1805–1875) an.

S. 68–71: Sein schlechter Ruf

Abdruck in: »Das Leben« (Leipzig), H. 3, 1931, S. 46 - 47. Die Geschichte erschien unter dem Namen Lili Grün.

Tarockpartie – »Tarock« ist die Bezeichnung für eine große Familie von Stich-Kartenspielen, deren Urform Anfang/Mitte des 15. Jahrhunderts in Italien entstand und sich in den europäischen Ländern verbreitete; es zählt mit zu den ältesten tradierten Kartenspielen der Welt. Aus der Tarock-Urform entwickelten sich in den europäischen Ländern viele verschiedene Tarock-Varianten, die sich zum Teil stark voneinander unterscheiden, von den SpielerInnen aber meist einfach Tarock genannt werden. In Österreich beispielsweise sind bis heute das »Königrufen«, »Zwanzigerrufen«, »Neunzehnerrufen« und »Tapp-Tarock« als Tarock-Varianten bekannt und beliebt.

»Das Leben« – Die Zeitschrift »Das Leben« erschien erstmals 1923 in Leipzig und entwickelte sich im Laufe der 1920er-Jahre dank üppiger und moderner Fotostrecken zu einem der beliebtesten illustrierten Unterhaltungsmagazine der Weimarer Republik. Chefredakteur war anfangs Max Krell (1887–1962), der als Lektor der

Romanabteilung im Berliner Ullstein-Verlag arbeitete und sich dort für die Publikation von Erich Maria Remarques (1898–1970) später weltberühmten Antikriegsroman »Im Westen nichts Neues« (1928/29) einsetzte.

S. 72–75: **Fata Morgana**
Abdruck in: »Der Wiener Tag«, 24.02.1932.
Die Geschichte erschien unter dem Namen Lili Grün.

Matura – Die Bezeichnung »Matura«/»Maturität« für den höchsten Schulabschluss wird im deutschen Sprachraum u. a. in Österreich verwendet.

Proletarierin – Eine »Proletarierin« ist eine »Arbeiterin« oder eine »Werktätige«.

in die Bedienung fährt – Dies ist eine Redewendung, die sich vom Begriff »Bedienerin« ableitet, womit im österreichischen Sprachraum umgangssprachlich die »Putz-/Reinigungs-/Zugehfrau« gemeint ist; also hier: »zum Putzen/Reinigen fahren«.

Kommis – »Kommis« ist ein veralteter Begriff und bezeichnet einen »Handlungsgehilfen«, »Kontoristen« oder »kaufmännischen Angestellten«.

Kontoristin – Eine (meist kaufmännische) Angestellte, die einfachere Büro- und Verwaltungsarbeiten erledigt, ist eine »Kontoristin«.

Spitzenkatarrh – Gemeint ist ein »Katarrh der Lungenspitzen«, also ein tuberkulöser Herd in den Lungenspitzen; dies war eine für das frühe 20. Jahrhundert typische, weit verbreitete Lungen-Erkrankung der städtischen Armen.

Guerlain-Parfüm – Eines der ältesten Parfüm-Häuser der Welt das 1828 in Paris gegründete Unternehmen Guerlain. Von seinen Düften wird bis heute beispielsweise sein 1925 kreiertes, legendäres Parfüm »Shalimar« hergestellt.

Willy Fritsch – Willy Fritsch, geboren als Wilhelm Egon Fritz Fritsch (1901–1973), war ein deutscher, in den 1920er-Jahren äußerst populärer Schauspieler. In der Rolle des jugendlich-attraktiven Liebhabers und charmanten Frauenhelds feierte er an der Seite berühmter Kolleginnen seiner Zeit – vor allem aber mit Lilian Harvey (1906–1968) – große Erfolge in UFA-Filmen wie »Liebeswalzer« (1929), »Die Drei von der Tankstelle« (1930) und »Der Kongreß tanzt« (1931).

Bellaria – Die heutige Bellariastraße in Wien hat ihren Namen von der nicht mehr existierenden »Bellaria«, einem Vorbau des Leopoldinischen Trakts der Wiener Hofburg. Der Bereich um die Kreuzung Bellariastraße und Dr.-Karl-Renner-Ring ist im Volksmund noch immer als »Bellaria« bekannt.

Schilling – Vor der Einführung des Euro 1999 (Buchgeld)/2002 (Bargeld) war in Österreich der »Schilling« (1 Schilling = 100 Groschen) die Währungseinheit in Österreich.

Tramway – In Österreich, insbesondere in Wien, wird eine »Straßenbahn« als »Tramway« bezeichnet.

Schwarzenbergplatz – Der »Schwarzenbergplatz« ist ein markanter Platz und wichtiger Verkehrsknotenpunkt im Stadtzentrum von Wien.

S. 76–77: **Sieben Jahre Fegefeuer**
Abdruck in: »Wiener Mode«, Nr. 4, 1932, S. 4. Die Hervorhebung ist im Original.
Die Geschichte erschien unter dem Namen Lili Grün.

Fegefeuer – In der katholischen Religion ist das »Fegefeuer« ein Ort der Läuterung, in dem die Verstorbenen ihre irdischen Sünden abbüßen, bevor sie in das Reich Gottes eingehen können.

Hofrat – Der »Hofrat« ist in Österreich bis heute als Titel einer Person ein Amtstitel (eine Amtsbezeichnung) für Beamte auf hoher und höchster Ebene. Vom Bundespräsidenten kann der Titel »Hofrat« gegenwärtig auch als Berufstitel (Ehrentitel) an Verwaltungsbeamte verliehen werden.

Petrus – Der Apostel Petrus nimmt im Volksglauben die Rolle des himmlischen Türhüters ein; als Hüter des Tors zum Himmelreich lässt er die anklopfenden Seelen der Verstorbenen ein oder weist sie ab.

Wien XVIII. – Gemeint ist der 18. Wiener Gemeindebezirk (Währing).

Stenotypistinnen – Unter einer »Stenotypistin« versteht man eine weibliche Person, die Stenografie und Maschinenschreiben beherrscht.

Paternoster – Als »der Paternoster« wird ein Aufzug oder Fahrstuhl mit mehreren vorne offenen Kabinen bezeichnet, die ständig in der gleichen Richtung umlaufen. Mit »das Paternoster« ist das Gebet des Herrn, das »Vaterunser« (lateinisch »pater noster«/»unser Vater«) gemeint. Lili Grün ›spielt‹ hier möglicherweise mit der Doppeldeutung des Begriffs.

S.78–80: **Engagementlos**
Abdruck in: »Simplicissimus« (München), Nr. 50, 1932, S. 596. – Fragmente dieser Geschichte verwendete Lili Grün abgewandelt in ihrem 1933 beim Wiener Paul Zsolnay

Verlag publizierten Roman »Herz über Bord« (Neuauflage 2009 beim Berliner AvivA Verlag unter dem Titel
»Alles ist Jazz«, herausgegeben und mit einem Nachwort
von Anke Heimberg), S. 17 ff.

Die Geschichte erschien unter dem Namen Lili Grün.

Engagementlos – Unter einem »Engagement« wird die
berufliche Anstellung zum Beispiel eines/einer (Büh-
nen-)Künstlers/Künstlerin verstanden. »Engagementlos«
bedeutet »ohne Engagement sein«.

S. 81–83: **Selbstmord ganz vergeblich**

Abdruck in: »Der Wiener Tag«, 11.03.1933.

Die Geschichte erschien unter dem Namen Lili Grün.

Veronal – Unter dem Markennamen »Veronal« wurde
1903 ein erstes Barbiturat auf den Markt gebracht, das
früher als Beruhigungs- und Schlafmittel genutzt wurde,
bei unsachgemäßer Dosierung aber leicht zum Tode
führen konnte.

Knigge – 1788 erschien die erste Ausgabe »Über den
Umgang mit Menschen« – das bekannteste Werk des
deutschen Schriftstellers und Aufklärers Freiherr Adolph
Franz Friedrich Ludwig Knigge (1752–1796), das umgangssprachlich bis dato einfach kurz als »Knigge«
bekannt ist. Sein Name steht heute stellvertretend, aber
irrtümlich für Benimm-Ratgeber, die mit Knigges eher
soziologisch ausgerichtetem Werk im Sinne der Auf-
klärung wenig gemein haben.

S. 84–87: **Robert ist nicht zu Hause**

Abdruck in: »Prager Tagblatt«, 25.03.1933. Die Hervorhebung ist im Original. Bei dieser Geschichte handelt es

sich um einen gekürzten Teil-Nachdruck aus Lili Grüns im März 1933 beim Wiener Paul Zsolnay Verlag erschienenen Roman »Herz über Bord« (Neuauflage 2009 beim Berliner AvivA Verlag unter dem Titel »Alles ist Jazz«, herausgegeben und mit einem Nachwort von Anke Heimberg), S. 69 ff.

Die Geschichte erschien unter dem Namen Lili Grün.

Bayreutherstraße – Dies ist eine Straße in der Berliner West-City, in der Nähe des Wittenbergplatzes.

justament – Ein veralteter Ausdruck für »(jetzt) erst recht«, »(nun) gerade«, »sofort« ist »justament«.

Expreßkarte – Gemeint ist ein »Begleitbrief« oder »Begleitschein« für eine Expresssendung.

Berlin W 15 – Bis zur Einführung des vierstelligen Postleitzahlensystems in den 1960er-Jahren in der BRD und in der DDR wurde das damalige Stadtgebiet von Berlin in neun Postbezirke eingeteilt. Jedem dieser Postbezirke wurde ein seiner geografischen Lage entsprechendes Kürzel gegeben: z. B. N = Nord, SW = Südwest, W = West, C = Centrum. Zu den Postbezirken kam später noch die Nummer des jeweiligen Zustellpostamtes. Diese Kennzeichnungen waren die postalischen Ortsbezeichnungen der Berliner Innenstadt.

Jazzleuten – Gemeint sind die KünstlerfreundInnen der Roman-Protagonistin Elli, die gemeinsam das fiktionale Berliner Kabarett-Projekt »Jazz« gegründet haben.

S. 88–92: **Es ist immer dasselbe … Ein Dialog mit Reflexionen**
Abdruck in: »Moderne Welt: Almanach der Dame« (Wien), Nr. 7, 1933, S. 27–29.

Die Geschichte erschien unter dem Namen Lilly Grün.

Aber geh – Das im Österreichischen umgangssprachlich benutzte »aber geh« setzt Lili Grün im Sinne von »aber nein«, »nein, bestimmt nicht« ein.

Romanische – Lili Grün meint das »Romanische Café« in Berlin, gelegen an der Ostseite des Auguste-Viktoria-Platzes (heute: Breitscheidplatz) im zweiten »Romanischen Haus«, Budapester Straße 10, von dem es seinen Namen ableitete. Das »Romanische Café« war *der* universale Mittelpunkt des geistigen Berlins, der bekannteste Intellektuellen-, Künstler- und Literatentreff der Weimarer Zeit.

Wallace – Edgar Wallace (1875–1932) war ein englischer Journalist und Schriftsteller und zählte mit zu den erfolgreichsten und beliebtesten englischsprachigen KriminalschriftstellerInnen der 1920er-/1930er-Jahre.

Wenn ich die [...] angebracht habe – Im österreichischen Sprachgebrauch ist »anbringen« ein umgangssprachlicher Ausdruck für »loswerden«.

sich [...] herbeiläßt – Der Ausdruck »sich herbeilassen« bedeutet, »sich nach längerem Zögern endlich zu etwas bereitfinden«.

S. 93–95: **Die Tränen der Kollegin**

Abdruck in: »Der Wiener Tag«, 27.09.1933.
Die Geschichte erschien unter dem Namen Lili Grün.

Duse – Eleonora Duse (1858–1924) war eine italienische Schauspielerin, die zu den großen Theaterschauspielerinnen des 19. Jahrhunderts zählt. Ihr Spiel war subtil und wenig theatralisch und gilt als wegweisend für das Moderne Theater. »Die Duse«, wie sie bereits zu Lebzeiten verehrend genannt wurde, verkörperte zumeist leidende, aber willensstarke Frauencharaktere.

Salondame – Die »Salondame« gehört im deutschen Theater zu den sogenannten Rollenfächern der weiblichen Schauspieler: Die »Salondame« ist eine elegante, mit gesellschaftlichen Talenten begabte Dame von Welt, die auch gerne intrigiert.

Mutterfach – Gemeint ist die im deutschen Theater vertretene und zu den Rollenfächern der weiblichen Schauspieler zählende Mutterrolle.

S. 97–101: Mitzi und Marianne

Abdruck in: »Das interessante Blatt« (Wien), Nr. 39, 1934, S. 11.

Die Geschichte erschien unter dem Namen Lili Grün.

Opernkreuzung [...] Kärntnerstraße hinunter, Graben, Stephansplatz – Dies sind bedeutende Geschäftsstraßen und Plätze im 1. Wiener Gemeindebezirk (Innere Stadt).

gleichgültig – Lili Grün verwendet hier »gleichgültig« im Sinne von »belanglos«, »unbedeutend«.

Franz-Josephs-Bahn – Die k.k. privilegierte »Kaiser Franz-Josephs-Bahn« (KFJB) war eine Privateisenbahngesellschaft in Österreich in der zweiten Hälfte des 19. Jahrhunderts, die ihren Namen zu Ehren von Kaiser Franz Joseph I. (1830–1916) erhielt. Die KFJB betrieb u. a. die Bahnstrecke von Wien nach Prag.

Loge – Mit einer »Loge« ist hier ein kleiner, durch Seitenwände abgeteilter Raum mit Sitzplätzen in einem Kaffeehaus gemeint.

Tramway – In Österreich, insbesondere in Wien, wird eine »Straßenbahn« als »Tramway« bezeichnet.

153

S. 102–104: **Bernhard setzt sich durch**

Abdruck in: »Pariser Tageblatt/Sonntags-Beilage«, 27.01.1935, S. 4.

Die Geschichte erschien unter dem Namen Lilli Gruen.

Josefsgasse – Die »Josefsgasse« ist eine Straße im 8. Wiener Gemeindebezirk (Josefstadt).

Memphis – Zigaretten der Marke »Memphis« werden bis heute hauptsächlich in Österreich vertrieben. Der Name symbolisierte anfangs die Herkunft der verwendeten ägyptischen Tabaksorten.

Trafik – Eine »Tabaktrafik« (umgangssprachlich »Trafik«) ist in Österreich eine Verkaufsstelle für Tabakwaren, Zeitungen und Zeitschriften, Schreibwaren, Postkarten und andere Kleinwaren – in Wien auch für Fahrscheine für städtische Verkehrsmittel.

19er-Wagen – Gemeint ist eine Straßenbahnlinie in Wien.

Trafikantin – Die Betreiberin einer Tabaktrafik ist eine »Trafikantin«.

Ägyptische – Zigaretten, für die Tabaksorten aus Ägypten verwendet wurden, waren bis ins 20. Jahrhundert hinein äußerst beliebt. In Österreich wurden diese zum Beispiel unter dem Markennamen »Egyptische 1. Sorte« vertrieben.

Gabelfrühstück – In Wien versteht man unter einem »Gabelfrühstück« eine vormittägliche, oft fleischhaltige Zwischenmahlzeit, zu deren rascher Einnahme nichts weiter als eine Gabel nötig ist.

gleichgiltig – Lili Grün verwendet eine veraltete Form von »gleichgültig«.

konziliant – Dieser Ausdruck kommt aus dem Lateinischen (»conciliare«/»zusammenbringen«) und bedeutet »umgänglich«, »zu Zugeständnissen bereit«, »entgegenkommend«.

Reklamationsbureau – »Bureau« ist die französische Schreibung von Deutsch »Büro«. »Reklamation« leitet sich vom Lateinischen (»reclamatio«/»Gegengeschrei«, »Nein-Sagen«) ab und bedeutet »Beanstandung«, »Bemängelung«.

S. 105–106: **Lola**
Abdruck in: »Pariser Tageblatt/Sonntags-Beilage«, 14.04.
1935, S. 3.
Die Geschichte erschien unter dem Namen Lili Gruen.

Lya de Putti – Lya de Putti, d. i. Amália (Lia) de Putty (1897–1931), war eine ungarische Tänzerin und Schauspielerin. Nach Nebenrollen in Stummfilmproduktionen wie »Das indische Grabmal« (1921) von Joe May feierte sie 1922 ihren Durchbruch auf der Leinwand in Friedrich Wilhelm Murnaus »Der brennende Acker«. Mitte der 1920er-Jahre gehörte sie zu den Filmstars ihrer Zeit und galt als Inbegriff der dämonischen Diva der Stummfilmzeit (»Vamp von Berlin«). Im Alter von nur 34 Jahren starb Lya de Putti an den Folgen eines unglücklich verschluckten Hühnerknochens.

S. 108–109: **Liebe**
Abdruck in: »Die Muskete: Das Blatt für Kunst und Humor« (Wien), Nr. 21, 1935, S. 420.
Die Geschichte erschien unter dem Namen Lili Grün.

Richtet nicht, auf daß ihr nicht gerichtet werdet. – Lili Grün verwendet das neutestamentliche Bibelzitat »Richtet nicht, damit ihr nicht gerichtet werdet!« (Matthäus-Evangelium/Die Bergpredigt 7.1).

S. 110–111: **Lendemain**

Abdruck in: »Die Muskete: Das Blatt für Kunst und Humor« (Wien), Nr. 11, 1936, S. 214.

Die Geschichte erschien unter dem Namen Lili Grün.

Lendemain – »Lendemain« bedeutet im Französischen »der folgende Tag«.

Romanische – Lili Grün meint das »Romanische Café« in Berlin, gelegen an der Ostseite des Auguste-Viktoria-Platzes (heute: Breitscheidplatz) im zweiten »Romanischen Haus«, Budapester Straße 10, von dem es seinen Namen ableitete. Das »Romanische Café« war *der* universale Mittelpunkt des geistigen Berlins, der bekannteste Intellektuellen-, Künstler- und Literatentreff der Weimarer Zeit.

S. 112–113: **Das Ärgste**

Abdruck in: »Die Stunde (Wien)/Die Lese-Stunde«, 19.06.1936, S. 8.

Die Geschichte erschien unter dem Namen Lili Grün.

raunzt – Umgangssprachlich wird »raunzen« benutzt für »laut und grob schimpfen« oder »nörgeln«.

Quartiersfrau – Ein veralteter Ausdruck für »Zimmervermieterin« ist »Quartiersfrau«.

S. 114–115: **Allein ...**

Abdruck in: »Die Stunde (Wien)/Die Lese-Stunde«, 26.08.1936, S. 7.

Die Geschichte erschien unter dem Namen Lili Grün.

Hietzing – »Hietzing« ist der 13. Wiener Gemeindebezirk; er gilt als noble Wohngegend.

S. 116–119: **Man hat gelacht ...**

Abdruck in: »Wiener Magazin«, Nr. 9, 1937, S. 65 - 66.
Die Geschichte erschien unter dem Namen Lili Grün.

distinguiert – »Distinguiert« bedeutet hier »betont vornehm«, »betont kultiviert«.

Engagement – Unter einem »Engagement« wird die berufliche Anstellung zum Beispiel eines/einer (Bühnen-)Künstlers/Künstlerin verstanden.

kapriziösen – Der Ausdruck »kapriziös« ist hier im Sinne von »eigen«, »eigenwillig« gebraucht.

markiert – »Markieren« meint in diesem Zusammenhang »vorgeben«, »so tun, als ob«.

machen wir es vorläufig fix – Lili Grün benutzt eine umgangssprachliche Redewendung für »machen wir es vorläufig fest«.

S. 120–124: **Endlich allein!**

Abdruck in: »Der Wiener Tag«, 15.10.1937.
Die Geschichte erschien unter dem Namen Lili Grün.

tosische Schloß – Ein »tosisches Schloss« ist in Österreich ein Sicherheitsschloss, benannt nach dem Schlosser Johann Baptist Tosi.

Bedienerin – Mit dem Begriff »Bedienerin« wird im österreichischen Sprachraum umgangssprachlich die »Putz-/Reinigungs-/Zugehfrau« bezeichnet.

Vorzimmerrechen – Gemeint ist ein Brett mit Kleiderhaken, das sich im Vorzimmer befindet.

Sirax – Unter dem Markennamen »Sirax« vertrieb das

Kölner Putzmittel-Unternehmen Siegel & Co. in den 1920er-/1930er-Jahren Scheuerpulver.

Groschen – Vor der Einführung des Euro 1999 (Buchgeld)/2002 (Bargeld) war in Österreich der »Schilling« (1 Schilling = 100 Groschen) die Währungseinheit in Österreich.

Coupé – »Coupé« ist ein heute veralteter Begriff für »Zugabteil«, der sich aus dem Französischen (»coupé«/»zweisitzige Kutsche«) ableitet.

Perron – Ein im Österreichischen gebrauchter, heute veralteter Begriff für »Bahnsteig« ist »Perron«.

Lili Grün (um 1926)

Anke Heimberg

Nachwort

Auf meiner Suche nach Gedichten und Geschichten der heute weitgehend unbekannten und ›vergessenen‹ österreichisch-jüdischen Schriftstellerin und Schauspielerin Lili Grün habe ich mir schon oft gewünscht, ein persönlicher Nachlass wäre überliefert. Ich müsste also nur das entsprechende Literaturarchiv ausfindig machen, mein Recherche-Ansuchen und meinen Aufenthalt dort ankündigen, hingehen und ein bestimmtes Bestellformular ausfüllen. Wenig später würde dann ein hilfsbereiter Archiv-Mitarbeiter etliche staubige Kisten aus dem Nachlass Lili Grüns auf meinem Arbeitsplatz abladen, prall gefüllt mit ordentlich sortierten Mappen voller Fotos, Briefe, Adressbücher, Notizbücher, Manuskripte und Typoskripte ihrer Romane, Gedichte und Geschichten sowie Zeitungsfeuilletons, Presse-Kritiken, Verlagsverträge und vieles andere mehr.

Tatsächlich sind von der 1942 im Alter von nur 38 Jahren durch die Nationalsozialisten gewaltsam zu Tode gekommenen Lili Grün nur sehr wenige biographische Dokumente und, soweit mir bekannt, vor allem kein Nachlass tradiert; dieser könnte im besten Fall wohl Manuskripte und Typoskripte sowie Nachweise über oder Hinweise auf Einzelveröffentlichungen der Autorin in Zeitungen und Zeitschriften der 1920er-/1930er-Jahre enthalten. Vermutlich wurde Lili Grüns letzte Habe jedoch spätestens mit ihrer Deportation aus Wien 1942 vernichtet. Lediglich das Österreichische Literaturarchiv in Wien verwahrt ein sehr schmales Konvolut zu Lili

Grün, das die Korrespondenz des Wiener Paul Zsolnay Verlags mit seiner Autorin – überwiegend Geschäftsbriefe aus den 1930er-Jahren – enthält. Zsolnay hatte 1933 erfolgreich Grüns Debütroman publiziert, den Berliner Kabarett-Roman *Herz über Bord.* Das Buch wurde im Herbst 2009 von mir nach mehr als 75 Jahren unter dem aktualisierten Titel *Alles ist Jazz* im Berliner AvivA Verlag neu und ergänzt mit erstmals ausführlichen bio-bibliographischen Informationen zu Lili Grün herausgegeben.[1] 1935 verlegte Zsolnay in seiner Zürcher Bibliothek zeitgenössischer Werke Grüns Nachfolgeroman, den Bühnen-Roman *Loni in der Kleinstadt.* Die Neuauflage dieses Buches edierte ich im Frühjahr 2011 unter dem zeitgemäß klingenden Titel *Zum Theater!* wiederum im Berliner AvivA Verlag und begleitet von einem Nachwort zu Leben und Werk der Autorin.[2] Die Zsolnay-Verlagskorrespondenz verweist zwar auf Spuren hinsichtlich Lili Grüns möglicher Publikationstätigkeit bei anderen Buchverlagen als den bereits bekannten und in Zeitungen und Zeitschriften der 1930er-Jahre; sie liefen bei näherer Betrachtung jedoch alle ins Leere.

Auch ein Blick in die einschlägigen bio-bibliographischen Lexika zur deutschsprachigen Literatur erwies sich als nur mäßig hilfreich. Hätte die als ›Grande Dame‹ der österreichischen Literatur verehrte Schriftstellerin und Journalistin Hilde Spiel in ihrem 1976 erstmalig erschienenen literaturgeschichtlichen Grundlagenwerk *Die zeitgenössische Literatur Österreichs* nicht explizit auf ihre einstige Schriftstellerkollegin und zeitweilige Weggefährtin Lili Grün hingewiesen, wären deren Name und Werk heute wohl gänzlich vergessen. Im Rahmen ihres Einführungs-

kapitels »Die österreichische Literatur nach 1945«
erinnerte Hilde Spiel an die dunklen Jahre der NS-Okku-
pation Österreichs, an Verfolgung, Vertreibung und
Ermordung zahlreicher ihrer ZeitgenossInnen und insbesondere an die auf ein rasches Vergessen drängende
unmittelbare Nachkriegszeit. »Viele der verfolgten und
ausgestoßenen Schriftsteller hatten die Jahre der Hitler-
herrschaft gar nicht überlebt«, mahnte Spiel. »In Vernich-
tungslagern starben unter vielen anderen [...] LILI GRÜN
[...], ein rührendes Mädchen, das mit seinem zarten
Roman *Herz über Bord* zum erstenmal [sic!] in dem fatalen
Jahr 1933 hervortrat. Ihre Lebensgeschichte bliebe im
dunkeln [sic!], und sie wäre vom Erdboden weggewischt,
als hätte es sie nie gegeben, würde ihrer hier nicht Erwäh-
nung getan.«³ Trotzdem fand und findet Lili Grüns Name
bis heute nur selten Eingang in die wissenschaftlichen
Nachschlagewerke zur deutschsprachigen Literatur.
Dabei sind die Lexikon-Einträge zu Leben und Werk
Grüns meist wenig befriedigend, das heißt rudimentär
und lückenhaft. Einen ersten längeren bio-bibliographischen Eintrag, auf den nachfolgend erschienene Litera-
tur-Lexika zumeist rekurrieren, enthält das 1995 von den
Berliner Literaturwissenschaftlerinnen Petra Budke und
Jutta Schulze verfasste Nachschlagewerk *Schriftstellerinnen
in Berlin 1871 bis 1945*.⁴ Neben den beiden gelisteten
Romanen *Herz über Bord* (1933) und *Loni in der Kleinstadt*
(1935) erwähnen Budke und Schulze die Publikation von
Zeitgedichten Lili Grüns in den renommierten Tageszei-
tungen »Berliner Tageblatt«, »Prager Tagblatt« und »Tempo« (Berlin) – allerdings ohne detaillierte bibliographische
Angaben zu machen. 2005 hat der Wiener Literaturhisto-

riker und Archivar Eckart Früh im Rahmen der von ihm seit 1997 herausgegebenen Reihe »Spuren und Überbleibsel«, in der er bereits »Bio-bibliographische Blätter« zu ›vergessenen‹ AutorInnen wie Else Feldmann, Alma Johanna Koenig oder Hans Natonek zusammenstellte, bibliographische Angaben zu Lili Grüns unselbständig veröffentlichten Gedichten und Prosatexten in Wiener Zeitungen und Zeitschriften wie »Moderne Welt« (Wien), »Die Muskete« (Wien), »Wiener Magazin« oder »Der Wiener Tag« zusammengetragen.[5] Beide Quellen lieferten damit entscheidende Anhaltspunkte für meine eigenen intensiven und umfangreichen Recherchen nach Einzelveröffentlichungen Lili Grüns insbesondere in zahlreichen Berliner, Prager und Wiener Zeitungen und Zeitschriften der 1920er-/1930er-Jahre. Die dabei von mir in den letzten Jahren aufgefundenen Gedichte und Geschichten Lili Grüns liegen nun mit dem nach ihrem Stenotypistinnen-Song *Mädchenhimmel!*[6] betitelten Sammelband erstmals im Berliner AvivA Verlag vor.

»– – – Ich bin im Februar neunzehnhundertvier in Wien geboren, / Frühzeitig hab' ich Vater und Mutter verloren«, schreibt Lili Grün in ihrem am 25. September 1929 in der »B. Z. am Mittag« (Berlin) abgedruckten Gedicht »Monolog«, dessen dritte Strophe sich wie der Lebenslauf zu einem Bewerbungsschreiben oder einem Stellengesuch liest. Tatsächlich wurde Lili Grün am 3. Februar 1904 als Elisabeth Grün in Wien geboren. Sie war die Tochter des aus dem ungarischen Élesd stammenden Wiener Bartbindenmachers Hermann (Ármin) Grün und seiner Wiener Frau Regine (Regina), geborene Goldstein.[7] Bereits in jungen Jahren verlor die Kaufmannstochter Lili Grün, die vorwiegend im heutigen 15. Gemeindebezirk Rudolfs-heim-Fünfhaus aufwuchs, einem traditionell ärmlichen Arbeiterbezirk mit einem verhältnismäßig hohen Anteil an Kleingewerbe, ihre Eltern. Im zweiten Weltkriegsjahr, Anfang August 1915, starb ihre Mutter Regine (Regina) Grün im Alter von nur 47 Jahren aufgrund einer unent-deckten Herzmuskelentzündung überraschend an einem Hirnschlag.[8] Der plötzliche Tod der geliebten und verehr-ten Mutter markierte das Ende der bis dahin recht behü-teten Wiener Vorstadt-Kindheit Lili Grüns, die als von den Eltern und von den drei älteren Geschwistern ver-wöhntes Nesthäkchen zunächst wohl überwiegend schö-ne und unbeschwerte Kinderjahre verlebt hatte. Den ver-mutlich als traumatisch erlebten Verlust der Mutter suchte Grün später wiederholt literarisch zu verarbeiten, indem sie die jeweilige Protagonistin ihrer autobiographisch gefärbten Romane stets als Halb- oder Vollwaise zeigte, die ihrer auf einmal mutterlos und daher »liebeleerer« (*Zum Theater!*, S. 129) gewordenen Kinderwelt beständig hinterhertrauert. »Wenn Mutter noch am Leben wäre ...«, lautet daher das fortan lebensbegleitende Mantra von Lili Grüns *Zum Theater!*-Protagonistin Loni Holl (S. 34), und ihre Romanheldin Elli aus *Alles ist Jazz* klagt: »Ist sie denn nicht Mutters geliebtes Kind gewesen? Mutter, die beste und gütigste Frau auf dieser Welt, mit den zärtlichsten Händen. [...] Nach Mutters Tod ist die große, große Ein-samkeit gekommen« (S. 30). Lili Grüns Vater wurde im Frühjahr 1916 infolge der Kriegserklärung Österreich-Ungarns von 1914 zum Frontdienst eingezogen. Er über-lebte diesen zunächst zwar, zog sich dabei aber ein chronisches Nierenleiden zu.»Ich war immer so schrecklich allein, auch solange Vater noch gelebt hat. Er war ja immer so krank in den letzten Jahren. [...] Jahrelang hat Vater mit mir nur über seine Schmerzen und über seine Medikamente gesprochen«, umreißt die verwaiste Loni Holl in *Zum Theater!* ihre bedrückende, vom Gefühl der Verlassenheit geprägte Lebenssituation als Kind und Jugendliche (S. 30). Im Alter von 56 Jahren erlag Lili Grüns Vater Hermann (Ármin) Grün Ende Januar 1922 schließlich seiner schweren Nierenerkrankung.[9] Nachdem sie mit nur siebzehn Jahren zur Vollwaise geworden war, wurde für die elternlose, noch minderjährige Lili Grün höchstwahrscheinlich ein Vormund bestellt. Meinen Nachforschungen zufolge kann heute nicht mehr nachvollzogen werden, unter wessen Vormundschaft Lili Grün gestellt wurde, da weder die Verlassenschaftsakten von Hermann (Ármin) Grün noch die entsprechenden Pflegschaftsakten des zuständigen Bezirksgerichts Rudolfsheim aus dem Jahr 1922 erhalten geblieben sind.

Um dem von ihr als »liebeleer« und trostlos empfundenen Dasein ihrer Kindheit und Jugend zumindest zeitweise zu entkommen, flüchtete sich die junge Lili Grün vermutlich ähnlich wie ihre Romanheldinnen – Elli aus dem Kabarett-Roman *Alles ist Jazz* und insbesondere Loni aus dem Bühnen-Roman *Zum Theater!*[10] – bald schon in die vielversprechende, bunte und für sie wohl tröstliche Welt des Theaters. »Was wollen unter zehn jungen, aufgeweckten Wiener Mädchen, die schon als Kinder irgendwie mit dem Theater in Berührung kamen, neun? Zur Bühne natürlich«, skizziert Emanuel Häußler Lili Grüns offensichtlich schon früh geweckte Liebe zum Theater.

Diese hatte dem Redakteur vom »Neuen Wiener Tagblatt« kurz nach Erscheinen ihres erfolgreichen Kabarett-
Romans *Herz über Bord (Alles ist Jazz)* wohl ein ausführ-
liches Interview zu ihrer Vita und den Hintergründen
ihres Buchs gegeben.[11]

In ihrem Bühnen-Roman *Zum Theater!*, in dem Lili
Grün den Weg der angehenden Schauspielerin Loni Holl
zur Bühne schildert, spielt die junge, theaterbegeisterte
Protagonistin zunächst in Statisten- und Kinderrollen an
einem großen Theater in Wien, um ihrem Berufsziel
Schauspielerin näherzukommen. Später erhält sie am selben »großen Theater« (S. 64) neben Statistenrollen, die
von ihr als »Zweisatzrollen« (S. 64) verspotteten Kom-
parsenrollen. »[A]bends statiere ich im Theater – so den
zweiten Baum von links. Der Page im Don Carlos: Sire
der Inquisitor Kardinal ... ist meine größte Rolle« (S. 16),
beschreibt die 18-jährige Loni Holl im Roman ironisch ihr
bis dahin eher desolates Schauspielerdasein. Auch im rea-
len Leben übernahm Lili Grün als junges Mädchen kleine Rollen an Wiener Bühnen. Meine Durchsicht der
Besetzungszettel verschiedener Wiener Theater ergab,
dass sie beispielsweise am Wiener »Deutschen Volkstheater« in der Aufführung von Henrik Ibsens Drama *Peer
Gynt* mitwirkte, das am 20. März 1920 unter der Regie von
Alfred Bernau Premiere hatte. Das Stück, das zum ersten
Mal in eigener Regie am »Deutschen Volkstheater« gezeigt wurde, lief mit insgesamt 60 Vorstellungen bis zum
Jahr 1924 sehr erfolgreich. Lili Grün war in allen 60 Vorstellungen in ihrem Part als Troll vertreten.[12]

Nach Abschluss der Volks- und Bürgerschule führte
Lili Grüns beruflicher Weg jedoch nicht, wie anzuneh-

men, sofort zur Bühne. Sie machte zunächst eine kaufmännische Ausbildung zur Kontoristin[13] – für sie wahrscheinlich nur ein lästiger ›Brotberuf‹, dessen Erlernung als solides berufliches Standbein vermutlich ihr Vater gefordert hatte. Auch der Vormund der Theater-Enthusiastin Loni Holl besteht auf einer ordentlichen Ausbildung seines Mündels. Da Loni ein unbefriedigendes Volontariat als Bürohilfskraft schon nach kurzer Zeit wieder aufgibt, macht sie schließlich auf Nachdruck ihres Vormunds eine Ausbildung zur Modistin – »so auf alle Fälle, Handwerk hat einen goldenen Boden!« (*Zum Theater!*, S. 16). Angesichts der Entschiedenheit, mit der sie weiterhin zur Bühne strebt, darf sie jedoch neben ihrer Ausbildung Schauspielstunden bei einem älteren Kollegen nehmen und weiter am Theater statieren. Dass Lili Grün dem Beruf der Büroangestellten, der in den 1920er-Jahren zu einem *der* modischen Berufe der emanzipierten ›Neuen Frau‹ der Zeit avancierte,[14] offenbar nur wenig abgewinnen konnte, zeigen neben ihrem Theater-Roman auch einige ihrer Gedichte, allen voran das Gedicht »Mädchenhimmel!«: Das lyrische Ich imaginiert hier für sich und seine Leidensgenossinnen, »die wir den ganzen Tag dienen / In dunklen Büros bei den Schreibmaschinen« augenzwinkernd ein »eigenes Paradies für die Frau«, in dem es statt der »verdammten Schreibmaschine« endlich auch für sie, die kleinen ›Tippfräulein‹, in Hülle und Fülle all die bislang so unerreichbaren, aber heiß ersehnten Luxusgüter (Sahnetorten, Abendroben, Limousinen) und verlockenden Amüsements (Theater-Besuche, Tanz-Cafés, Jazz-Konzerte) geben wird.[15]

Um ihren großen Traum von einer Karriere als Schauspielerin irgendwann tatsächlich einmal realisieren zu können, hatte wahrscheinlich auch Lili Grün neben ihrer Tätigkeit als Kontoristin privaten Schauspielunterricht bei einem älteren und erfahrenen Schauspieler – so die damals häufigste Ausbildungsform auf dem Weg zur Bühne. Die 17-jährige Theaterelevin[16] debütierte möglicherweise – wie in ihrem Roman *Zum Theater!* dargestellt und damals ebenfalls sehr verbreitet – über ein Anfängerin- oder Gastspiel-Engagement am Theater einer Provinzstadt. Vielleicht erfolgte Lili Grüns Debüt ebenso wie das ihrer Romanheldin Loni Holl an einem der zahlreichen deutschsprachigen Theater in der tschechischen Provinz, die in der Zwischenkriegszeit ein Sprungbrett für viele angehende junge SchauspielerInnen waren. In den 1920er-Jahren schließlich spielte Grün im ›Roten Wien‹ an der neugegründeten Bühne der Sozialistischen Arbeiterjugend. Wie sehr sich die junge Lili Grün damals den – offenbar versagt gebliebenen – Durchbruch zum großen Star gewünscht haben mag, machen ihre autobiographisch inspirierten kleinen Bühnen-Geschichten, beispielsweise die anekdotische Erzählung »Die Tränen der Kollegin«, deutlich. Vergeblich hofft hier eine angehende Jungschauspielerin, ihr enormes, aber noch immer »im Verborgenen« blühendes Talent werde endlich vom Regisseur entdeckt und gefördert werden; doch: »Zwischen ihr und diesen großen Rollen steht die unübersteigbare Chinesische Mauer, die noch kein Anfänger ohne Protektion, Zufall und Glück durchbrochen hat.«[17]

Da im Zuge der weltweiten Wirtschaftskrise Ende der 1920er-/Anfang der 1930er-Jahre in Wien die Arbeitslo-

sigkeit insgesamt und gerade auch unter den Büh-
nenkünstlerInnen extrem zunahm – im Jahr 1931 waren
in Wien etwa 1500 SchauspielerInnen als erwerbslos
registriert –,[18] entschied sich Lili Grün offensichtlich, ihre
Heimatstadt zu verlassen und nach Berlin zu gehen. Von
der angesagten deutschen Metropole mit ihrer Vielzahl an
Theatern, Kleinkunstbühnen, Rundfunk- und Film-
studios versprach sie sich wahrscheinlich, wie so viele
andere junge SchauspielerInnen vor und nach ihr, bessere Arbeitsmöglichkeiten. Doch in der glitzernden Kul-
turmetropole Berlin wuchs mit der wirtschaftlichen
Depression und den damit einhergehenden Sparmaßnah-
men beim Film und beim Theater die Zahl der ein Engagement suchenden KünstlerInnen ebenfalls kontinuier-
lich. Die Berliner Presse meldete im Mai 1931: »[D]ie
Arbeitslosigkeit unter den Schauspielern [war] niemals so
groß wie in diesem Jahr. Die Statistik der Bühnengenos-
senschaft verzeichnet zwar nur dreitausend erwerbslose
Schauspieler; aber da die unorganisierten Schauspieler
nicht mit einbezogen sind, wird man ein Vielfaches der
Zahl annehmen müssen.«[19] Wiederholt berichteten Berliner Zeitungen über die zunehmende Verelendung unter
den SchauspielerInnen, deren Situation durch mangelhaf-
te Ernährung, armselige Kleidung, äußerst bescheidene
Wohnverhältnisse und chronische Erkrankungen, wie die
weit verbreitete Armenkrankheit Tuberkulose, gekenn-
zeichnet war.

Lili Grün gelang es offenbar auch in Berlin nicht, ein
festes Engagement als Schauspielerin zu ›ergattern‹, so
dass sie sich, wie Emanuel Häußler zu berichten weiß,
zeitweise als Verkäuferin und Küchenhilfe in einer Café-

Konditorei durchschlagen musste.[20] Mit ihrer Erzählung
»Engagementlos« beleuchtet Grün schlaglichtartig den
tristen Alltag erwerbsloser SchauspielerInnen am Ende
der sogenannten Goldenen Zwanziger Jahre, der von
erfolglosen, zermürbenden Vorsprechterminen bei Büh-
nen- und Filmgewaltigen, ständigen finanziellen Sorgen
und bitterer Armut bestimmt wird. Ohne Engagement
kein Einkommen – ohne Einkommen kein Geld für Miete, Lebensmittel und Kleidung, so lauten die Lebensko-
ordinaten einer Schauspielerin ohne Rollenverpflichtung:
»Man liest krampfhaft die Zeitungen durch, man sagt
mechanisch: ›Die Zeiten, die furchtbaren Zeiten ...‹
Arbeitslosigkeit in Amerika, Arbeitslosigkeit in der
ganzen Welt. Man hat sich ein schlechtes Geburtsdatum
ausgesucht, seit wir leben, sind die Zeiten groß, aber
unangenehm.«[21]

In Berlin kam Lili Grün jedoch bald mit der umtriebi-
gen Kabarettszene jener Zeit in Berührung. Meinen
Recherchen nach schloss sie sich im Frühjahr 1931 mit
gleichgesinnten jungen KünstlerInnen im politisch-literarischen Kabarett-Kollektiv »Die Brücke« zusammen. Das
bunte Trüppchen trat Anfang Mai zum ersten Mal mit seinem abendfüllenden Programm im Keller des »Künstler-
hauses« in der Bellevuestraße 3 auf, der zu jener Zeit auch
dem schon damals legendären politisch-literarischen
Kabarett »Die Katakombe« von Werner Finck und Ru-
dolf Platte als Spielstätte diente. »Ohne Geld, nur mit
etwas Begabung, aber viel Mut und Findigkeit ausgestat-
tet, gelingt das Werk: ein Kabarett wird gegründet und
findet Zulauf. [...] Das Kabarett ist natürlich billig, sehr
billig, sonst gehen die Leute nicht hinein. Die Sache ist so

kalkuliert, daß die auftretenden Künstler nach Möglichkeit noch einen zweiten Beruf ausüben. [...] Billetteure und Kassiere kosten Geld, also muß das runde Dutzend von Mädchen und jungen Herren, das auf der Bühne meist nur Produkte des eigenen Kollektivs vorträgt, einen Stafettendienst einrichten. Während die ersten Nummern laufen, betätigen sich die späteren in der Kasse und als Platzanweiser. Das ist billig, originell und ergibt sofort einen gewissen Kontakt mit dem Publikum«, charakterisierte Emanuel Häußler das »Brücke«-Kabarett, ohne allerdings dessen Namen zu nennen.[22]

Die Gruppe um den künstlerischen Leiter der »Brücke«, den links-politisch engagierten Berliner Kabarett-Autor Julian Arendt, bestand aus gut 20 Mitgliedern – darunter bis dahin völlig unbekannte, aber auch eine Reihe bereits arrivierter KünstlerInnen.[23] Der Komponist und Pianist Erwin Straus, Sohn des berühmten österreichischen Operettenkomponisten Oscar Straus, trug die Verantwortung für die musikalische Direktion. Margarethe Voß führte als groteske Conférencière durch das »Brücke«-Programm. Unter den auftretenden KünstlerInnen befanden sich ferner – um die bis heute bekanntesten zu nennen – Ernst Busch, vom Berliner Arbeiterpublikum als ›Barrikaden-Tauber‹ gefeierter, links-revolutionärer Arbeitersänger und Schauspieler, und der in Arbeiterkreisen ebenso populäre Komponist und Pianist Hanns Eisler, welcher Busch am Klavier begleitete. Zum »Brücke«-Kollektiv gehörte auch der begabte junge Berliner Schauspieler und Kabarettist Erik Ode, der ab Ende der 1960er-Jahre als Hauptdarsteller der TV-Krimiserie *Der Kommissar* einem großen Publikum bekannt wurde. Des Weiteren traten hier die beim Berliner Kabarett-Publikum äußerst beliebten Chansonnièren und Schauspielerinnen Dora Gerson und Annemarie Hase auf; letztere zeigte gemeinsam mit Lili Grün in einer Sportpalast-Szene Julian Arendts Parodie einer Sechstagerennfahrer-Braut. Grün gab außerdem, wie aus zeitgenössischen Pressekritiken hervorgeht – Programme und Besetzungszettel der »Brücke« sind nicht überliefert –, eigene »reizende freche Gedichte« zum Besten, das meldete zum Beispiel das Berliner »12-Uhr-Blatt« vom 5. Mai 1931 überaus angetan. Und der Berliner »Film-Kurier« erklärte am selben Tag ganz entzückt, »Lilly [sic!] Grün – trägt Erotik, sehr persönlich und sehr belustigend«. Auch die renommierte Berliner »Vossische Zeitung« wies in ihrer Ausgabe vom 7. Mai 1931 ausdrücklich auf Grüns »eigene witzig-sentimentale Gedichte« hin. Im Kabarett »Die Brücke« rezitierte Grün vermutlich, denn ein Textnachweis ist nicht tradiert, das eine oder andere ihrer kessen, pointenhaften Gedichte, die sie Ende der 1920er-Jahre in Zeitungen und Zeitschriften wie »Berliner Tageblatt«, »Jugend« (München), »Prager Tagblatt« oder »Tempo« (Berlin) zu veröffentlichen begonnen hatte. Mit ihrer ganz eigenen heiter-melancholischen Note, deren Tonfall bisweilen an berühmte neusachliche Zeitgenossen wie Erich Kästner oder Kurt Tucholsky erinnert, beschreibt Grün in ihren lyrischen Songs die Sehnsüchte junger, moderner, selbstbewusster ›Neuer Frauen‹ am Ende der Zwanziger Jahre – hin- und hergerissen zwischen Autonomie, Selbstbehauptung und dem »Mann mit starken Armen«[24]. Frisch, frech, freimütig und selbstironisch berichtet sie von ewiger Verliebtheit und enttäuschten Lieben, schier endlosen einsamen Großstadttagen und besser rasch zu verdrängenden Nächten, empfiehlt »Rezepte fürs Herz«[25] und träumt vom »Paradies für die Frau«[26]. Für die Kabarettbühne – ob nun für »Die Brücke« oder möglicherweise für ein anderes Kabarett – hat Lili Grün wahrscheinlich auch einige ihrer amüsanten, bissig-anekdotischen kleinen Geschichten wie »Talentlose Männer«, »Sieben Jahre Fegefeuer« oder »Es ist immer dasselbe« geschrieben.[27]

Die Berliner Presse reagierte auf das ambitionierte links-politische Programm des »Brücke«-Kollektivs zwar überwiegend wohlwollend. Doch machte die vorgerückte Jahreszeit der vielversprechenden Arbeit des neuen Kabarett-Unternehmens einen Strich durch die Rechnung: Denn je wärmer die Tage wurden, desto leerer wurde auch der Keller-Theatersaal im »Künstlerhaus« und damit »die Geldbörse der jungen Leute«, schildert Emanuel Häußler das vorzeitige Ende des »Brücke«-Kabaretts,[28] das bereits nach wenigen Wochen wieder schließen musste.

Aufgrund der ihrer Gesundheit nicht eben zuträglichen Lebensumstände in Berlin erkrankte Lili Grün an Tuberkulose und kehrte nach Wien zurück, um ihren Lungenspitzenkatarrh in einer Heilstätte behandeln zu lassen. Gleichzeitig begann sie, ihre Erlebnisse rund um die erfolgreiche Gründung des politisch-literarischen Berliner Kabaretts »Die Brücke« in ihrem Roman *Herz über Bord (Alles ist Jazz)* zu verarbeiten. Das Kabarett »Die Brücke« wird im Roman zum Kabarett »Jazz« – benannt nach dem neuen, aus den USA nach Europa geschwappten, modischen und das Lebensgefühl der jungen Generation prägenden Musikstil der 1920er-Jahre. Dabei mag das eine oder andere Mitglied des »Brücke«-Ensembles Lili Grün durchaus als Vorbild für ihr fiktionales »Jazz«-Kabarett gedient haben. Am 16. März 1933 kam ihr quirliger Kabarett-Roman sodann beim Paul Zsolnay Verlag heraus, begeistert begrüßt von der Wiener Presse, die, wie Hanns Margulies vom »Wiener Tag«, den Erstling der gerade 29-jährigen Autorin in eine Reihe mit den neusachlichen Romanen so erfolgreicher Schriftstellerinnen wie Irmgard Keun und Joe Lederer stellte. »Der Roman ist prachtvoll«, jubelte er in seiner Rezension vom 27. März 1933. »Lili Grüns erster Roman gehört zu den wirklich liebenswerten und lesenswerten Büchern unserer Zeit.« Dabei verstanden die Kritiker Grüns Kabarett-Roman vor allem als Zeitdokument. Der bekannte österreichische Romancier und Zsolnay-Autor Robert Neumann zeigte sich in der renommierten Wiener »Neuen Freien Presse« vom 7. Juli 1933 absolut überzeugt davon, dass die »dokumentarische, literarische Qualität dieses Erstlingsbuches [...] über jeden Zweifel erhaben« sei. Neumann hatte Grüns Roman-Manuskript selbst an den Zsolnay Verlag vermittelt und sich für seine Publikation[29] eingesetzt, so war ihm »[u]m diese Lili Grün [...] nicht bange«, wie er zuversichtlich formulierte. »Sie wird ihren Weg machen.«

Im Herbst 1933 empfahl der Paul Zsolnay Verlag Lili Grüns Roman *Herz über Bord (Alles ist Jazz)* sowie den nur zwei Wochen nach Grüns Debüt gleichsam von ihm publizierten Erstlingsroman *Kati auf der Brücke* der jungen Hilde Spiel als »zwei sehr erfolgreiche Romane junger österreichischer Autorinnen« für den Julius-Reich-Dichter-Preis:[30] Ein durch den jüdischen Wiener Industriellen Julius Reich gestifteter Literaturpreis, der in den 1930er-Jahren alljährlich an »begabte aufstrebende Dichter« verliehen wurde.[31] Frühere PreisträgerInnen waren unter anderem die bekannten SchriftstellerInnen Mela Hartwig und Friedrich Torberg. Kurz darauf wurde Lili Grüns Roman *Herz über Bord (Alles ist Jazz)* ins Ungarische übersetzt, im folgenden Jahr erschien er in italienischer Sprache.

Da sich ihr Protektor, der ihr wohlgesonnene Robert Neumann, auch für ihr nachfolgendes Romanprojekt nachdrücklich beim Paul Zsolnay Verlag einsetzte, dessen Entstehen er diesmal sogar maßgeblich selbst anregt hatte, erhielt Lili Grün auf die Ausarbeitung des von ihr geplanten neuen Theater-Romans *Loni in der Kleinstadt (Zum Theater!)* eine Vorschusszahlung vom Verlag.[32] Zuvor hatte Grün bereits vergeblich versucht, eine längere Novelle mit dem Titel *Anni hat Unrecht* bei Zsolnay unterzubringen, die diesen jedoch nicht überzeugt hatte.

Angesichts der politischen Entwicklungen in Österreich, das zügig den Weg in einen autoritären Ständestaat nach dem Vorbild des faschistischen Italiens beschritt, verließ Lili Grün mit Abschluss des neuen Verlagsvertrags Wien im Oktober 1933 erneut. Begleitet von ihrem Lebensgefährten, dem Wiener Journalisten und Schriftsteller Ernst Spitz, ging sie über die Zwischenstation Prag schließlich nach Paris, wo sie sich Anregungen und neue Impulse für ihren Theater-Roman versprach. Durch ihre wieder aufgeflammte Tuberkulose-Erkrankung, die sie bei ihrem Zwischenaufenthalt in Wien wohl nur notdürftig auskuriert hatte, war Grün jedoch gesundheitlich stark angegriffen und konnte ihr neues Romanprojekt nur mäßig vorantreiben. In ihrem Gedicht »Schüchterner Flirt mit dem vermummten Herrn«, das sie am 13. August 1934 im »Prager Montagsblatt« zum Abdruck bringen konnte, setzte sie sich mit dem durch ihre akute Lungenerkrankung einmal mehr präsenten Thema Tod intensiv auseinander: »Ich weiß ja doch, daß es dich einmal gibt. / Drum, wenn du kommst, komm nicht als Feind! [...] / Und vor allen Dingen: komm nicht zu bald. [...] / Und mit dem Herzen geh' ein wenig freundlich um, [...] / Es fürchtet dich und deinen kalten Kuß, / Und es wird nie verstehn, / Daß es dich geben muß.«

In Paris lebte Lili Grün hauptsächlich von den Tantiemen an ihrem Kabarett-Roman *Herz über Bord (Alles ist Jazz)*, von dem gewährten Zsolnay-Vorschuss auf ihren neuen Theater-Roman sowie von ihren Einzelveröffentlichungen in Zeitungen und Zeitschriften. Ihre dramatische finanzielle Notlage ließ Grün im November 1934 schließlich sogar eine Vereinbarung mit dem Berliner Allegro Theaterverlag treffen: Gegen ein Honorar von 200 RM erteilte sie diesem die Erlaubnis, den urheberrechtlich geschützten Titel *Herz über Bord* ihres Erstlingswerks für eine Lustspiel-Operette von Eduard Künneke zu benutzen. Von dem Betrag hoffte sie, eine Zeit lang leben sowie die Arbeit an ihrem Theater-Roman intensivieren bzw. diesen endlich fertigstellen zu können. Chronische Geldnot und ihr miserabler Gesundheitszustand zwangen sie schließlich, Anfang 1935 nach Wien zurückzukehren.[33]

Nach einem mehrwöchigen Kuraufenthalt in einem Lungensanatorium in Meran, den ihr der Paul Zsolnay

Verlag durch eine von ihm selbst angestoßene Spenden-
aktion im Frühjahr 1935 ermöglichte, konnte Lili Grün,
leidlich genesen, ihren zweiten Roman *Loni in der Kleinstadt
(Zum Theater!)* endlich abschließen. Am 17. Oktober 1935
erschien ihr zweites Buch in Zsolnays Ableger, der Züricher Bibliothek zeitgenössischer Werke. »Der Wiener
Tag« hatte den »überaus amüsante[n] Theaterroman«, so
die begeisterte zeitungsinterne Vorankündigung,[34] bereits
ab dem 7. August 1935 in Fortsetzungen vorabgedruckt.
»Ein warmherziges, frisches, lebensvolles Buch, ein Buch,
in dem viel Jugend ist«, bestätigte Helene Tuschak im
»Neuen Wiener Tagblatt« vom 1. Dezember 1935 aner-
kennend. »Lili Grün [...] ist ein Talent, das mit diesem
Ausflug in die Kleinstadt seine Flügel regt.« Im »Wiener
Tag« konnte Grün auch einige ihrer Gedichte und Prosatexte lancieren sowie 1936/37 einen Zeitungsabdruck
ihres mutmaßlich letzten Romans erreichen: des Romans
einer kleinen Wiener Angestellten mit dem Titel *Junge
Bürokraft übernimmt auch andere Arbeit.*

Nach der nationalsozialistischen Okkupation Österreichs im März 1938 geriet Lili Grün in die Mühlen des
NS-Verfolgungsapparats. Als jüdische Schriftstellerin hatte sie nahezu schlagartig keine Möglichkeit mehr zu publi-
zieren. Da sie völlig verarmt und zudem chronisch lungenkrank war, war sie nicht in der Lage, ins rettende
Ausland zu emigrieren. Meine Nachforschungen ergaben,
dass sie nach mehreren ›Delogierungen‹ zuletzt in einem
›Massenquartier‹ für Juden und Jüdinnen in der Neutor-
gasse 9 im 1. Wiener Bezirk untergebracht war. Am 27.
Mai 1942 wurde Lili Grün im knapp tausend österreichische Juden und Jüdinnen umfassenden Transport Nr. 23

aus Wien deportiert und noch am Tag ihrer Ankunft im weißrussischen Maly Trostinec am 1. Juni 1942 ermordet.[35] Im selben Todestransport befand sich eine weitere bekannte österreichische Schriftstellerin: die Erzählerin und Lyrikerin Alma Johanna Koenig. Seit Juni 2007 mahnt in der Heinestraße 4 im 2. Wiener Gemeindebezirk ein »Stein der Erinnerung« an das grausame Schicksal von Lili Grün. Im Mai 2009 wurde ein neugestalteter Platz im Bereich Klanggasse/Castellezgasse, ebenfalls im 2. Wiener Gemeindebezirk, nach der heute weitgehend unbekannten und ›vergessenen‹ Autorin Lili Grün benannt.

Wien, Steine der Erinnerung

Anmerkungen

[1] Lili Grün 2009: *Alles ist Jazz. Roman.* Herausgegeben und mit einem Nachwort von Anke Heimberg. Berlin: AvivA Verlag.

[2] Lili Grün 2011: *Zum Theater! Roman.* Herausgegeben und mit einem Nachwort von Anke Heimberg. Berlin: AvivA Verlag.

[3] Hilde Spiel (Hg.) 1980 [1976]: *Die zeitgenössische Literatur Österreichs I.* Aktualisierte Ausgabe [von 1976]. Frankfurt/M., S. 29 f. (Kindlers Literaturgeschichte der Gegenwart: Autoren. Werke. Themen. Tendenzen seit 1945; 5). Hervorhebung im Original.

[4] Petra Budke/Jutta Schulze 1995: *Schriftstellerinnen in Berlin 1871 bis 1945. Ein Lexikon zu Leben und Werk.* Berlin, S. 152 f. (Der andere Blick. Frauenstudien in Wissenschaft & Kunst).

[5] Eckart Früh (Hg.) 2005: *Lili (Elisabeth) Grün.* Wien. (Spuren und Überbleibsel. Bio-Bibliographische Blätter; 61).

[6] Lili Grün: »Mädchenhimmel!« In: Das Leben (Leipzig), H. 4, 1930, S. 47.

[7] Siehe dazu auch Anke Heimberg 2009: »Nachwort.« In: Lili Grün: A*lles ist Jazz. Roman.* Herausgegeben und mit einem Nachwort von Anke Heimberg. Berlin: AvivA Verlag, S. 183–214, hier: S. 185 f.

[8] Siehe dazu Totenbeschauprotokoll von Regina Grün. Wiener Stadt- und Landesarchiv, Totenbeschreibamt, Bd. 967, 1915, G.

[9] Siehe dazu Totenbeschau-Befund von Ármin Grün. Wiener Stadt- und Landesarchiv, Totenbeschreibamt, A 1: J. A. 1465/1922.

[10] Siehe dazu ausführlich Anke Heimberg 2011: »Nachwort.« In: Lili Grün: *Zum Theater! Roman.* Herausgegeben

und mit einem Nachwort von Anke Heimberg. Berlin: AvivA Verlag, S. 184–212, hier: S. 198 ff.

[11] Siehe dazu Emanuel Häußler: »Boheme von heute. Weltstadtjugend gründet ein Kabarett.« In: Neues Wiener Tagblatt, 26.04.1933.

[12] Siehe dazu Wienbibliothek/Druckschriftensammlung: Volkstheater-Besetzungszettel, Bände 1920–1924/25 (Signatur: C 71229).

[13] Recherche in den historischen Wiener Meldebeständen im Wiener Stadt- und Landesarchiv (Magistrat der Stadt Wien, Magistratsabteilung 8).

[14] Siehe dazu zum Beispiel Ute Frevert 1988: »Kunstseidener Glanz. Weibliche Angestellte.« In: Kristine von Soden/Maruta Schmidt (Hg.): *Neue Frauen. Die zwanziger Jahre*. Berlin, S. 25–30. (EP; 262: BilderLeseBuch).

[15] Lili Grün: »Mädchenhimmel!« In: Das Leben (Leipzig), H. 4, 1930, S. 47.

[16] Recherche in den historischen Wiener Meldebeständen im Wiener Stadt- und Landesarchiv (Magistrat der Stadt Wien, Magistratsabteilung 8).

[17] Lili Grün: »Die Tränen der Kollegin.« In: Der Wiener Tag, 27.09.1933.

[18] Vgl. dazu Regina Thumser 2003: »Netzwerke und Strukturen des Wiener Kabaretts im Exil.« In: Jeanne Benay u. a. (Hg.): *Österreichische Satire (1933–2000). Exil – Remigration – Assimilation*. Bern, S. 39–57, hier: S. 42. (Convergences; 29).

[19] »Unhaltbare Zustände. Die erwerbslosen Schauspieler klagen an.« In: Tempo (Berlin), 22.05.1931.

[20] Siehe dazu Emanuel Häußler: »Boheme von heute. Weltstadtjugend gründet ein Kabarett.« In: Neues Wiener Tagblatt, 26.04.1933.

[21] Lili Grün: »Engagementlos.« In: Simplicissimus (München), Nr. 50, 1932, S. 596.

[22] Emanuel Häußler: »Boheme von heute. Weltstadtjugend gründet ein Kabarett.« In: Neues Wiener Tagblatt, 26.04.1933.

[23] Zu den Mitgliedern des Berliner Kabaretts »Die Brücke« und seinem Programm siehe ausführlich Anke Heimberg 2009: »Nachwort.« In: Lili Grün: *Alles ist Jazz. Roman.* Herausgegeben und mit einem Nachwort von Anke Heimberg. Berlin: AvivA Verlag, S. 183–214, hier: S. 201 ff.

[24] Lili Grün: »Das erfahrene Mädchen.« In: Prager Montagsblatt, 26.03.1934.

[25] Lili Grün: »Rezepte fürs Herz.« In: Prager Tagblatt/Unterhaltungs-Beilage, 15.06.1930, S. IV.

[26] Lili Grün: »Mädchenhimmel!« In: Das Leben (Leipzig), H. 4, 1930, S. 47.

[27] Lili Grün: »Talentlose Männer.« In: Prager Tagblatt, 16.08.1930; Lili Grün: »Sieben Jahre Fegefeuer.« In: Wiener Mode, Nr. 4, 1932, S. 4; Lili Grün: »Es ist immer dasselbe ... Ein Dialog mit Reflexionen.« In: Moderne Welt: Almanach der Dame (Wien), Nr. 7, 1933, S. 27–29.

[28] Emanuel Häußler: »Boheme von heute. Weltstadtjugend gründet ein Kabarett.« In: Neues Wiener Tagblatt, 26.04.1933.

[29] Siehe dazu Telegramm von Felix Costa/Paul Zsolnay Verlag an Robert Neumann vom 16. Januar 1933. Österreichisches Literaturarchiv (ÖLA) der Österreichischen Nationalbibliothek (ÖNB), Wien: Teilarchiv Paul Zsolnay Verlag: Konvolut Lilly Grün [sic!] (Signatur: ÖLA 286/05).

[30] Empfehlungsschreiben von Felix Costa/Paul Zsolnay Verlag an Prof. Dr. Emil Reich/Kuratorium Julius-Reich-Dichter-Preis vom 23. September 1933. Österreichisches Literaturarchiv (ÖLA) der Österreichischen Nationalbibliothek (ÖNB), Wien: Teilarchiv Paul Zsolnay Verlag:

Konvolut Lilly Grün [sic!] (Signatur: ÖLA 286/05).

[31] Testament Julius Reichs vom 27. März 1922 zitiert nach Waltraud Strickhausen 1996: *Die Erzählerin Hilde Spiel oder »Der weite Wurf in die Finsternis«.* New York u. a., S. 74. (Exil-Studien/Exile Studies. Eine interdisziplinäre Buchreihe/An Interdisciplinary Series; 3).

[32] Siehe dazu den Brief von Felix Costa/Paul Zsolnay Verlag an Lili Grün vom 16. Oktober 1933 und vom 27. Januar 1934. Österreichisches Literaturarchiv (ÖLA) der Österreichischen Nationalbibliothek, Wien: Teilarchiv Paul Zsolnay Verlag: Konvolut Lilly Grün [sic!] (Signatur: ÖLA 286/05).

[33] Zur finanziellen und gesundheitlichen Situation Lili Grüns in Prag und Paris siehe ausführlich Anke Heimberg 2011: »Nachwort.« In: Lili Grün: *Zum Theater! Roman.* Herausgegeben und mit einem Nachwort von Anke Heimberg. Berlin: AvivA Verlag, S. 184–212, hier: S. 190 ff.

[34] Vorankündigung »Loni in der Kleinstadt«, abgedruckt in: Der Wiener Tag, 02.08.1935.

[35] Siehe dazu die Datenbank zu den österreichischen Shoah-Opfern des Dokumentationsarchivs des österreichischen Widerstands (Wien), abrufbar unter: (<http://www.doew.at>). – Zu den Transporten nach Maly Trostinec siehe z. B. Alfred Gottwaldt/Diana Schulle 2005: *Die »Judendeportationen« aus dem Deutschen Reich 1941–1945. Eine kommentierte Chronologie.* Wiesbaden, S. 230 ff.

Die Herausgeberin

Anke Heimberg, 1967 in Pforzheim geboren, Studium der Germanistik, Soziologie und Medienwissenschaften in Marburg und Wien; lebt und arbeitet als freie Literaturwissenschaftlerin und Publizistin in Berlin. Im AvivA Verlag hat sie bisher neben den Werken *Alles ist Jazz* und *Zum Theater!* von Lili Grün auch die Romane *Das weiße Abendkleid* und *Die Welt ist blau* von Victoria Wolff herausgegeben. Derzeit arbeitet sie an einer Biographie zu Lili Grün.

Bildnachweis

S. 2: © Österreichische Nationalbibliothek Wien, Bildarchiv

S. 160: © Privatarchiv Anke Heimberg

S. 179: © Verein Steine der Erinnerung, Wien

S. 184: © Privat

Die Abbildungen der historischen Ansichtskarten stammen aus dem Verlagsarchiv.

Inhaltsverzeichnis

Mehr von Lili Grün im AvivA Verlag

Lili Grün:
»Alles ist Jazz. Roman«
Hg. u. m. einem Nachwort
v. Anke Heimberg
geb., 215 S., 18,00 €
ISBN 978-3-932338-36-6

»Lili Grün erzählt mit dem Witz einer Frau,
die viel erlebt hat und Berlin auch hinter den
Fassaden kennt. Nicht von ungefähr erinnert
dieser Ton an die berühmten Frauenromane
der Neuen Sachlichkeit wie etwa von Irmgard
Keun oder Gabriele Tergit.«

(Monika Melchert, Lesart)

Lili Grün:
»Zum Theater! Roman««
Hg. u. m. einem Nachwort
v. Anke Heimberg
geb., 213 S., 18,00 €
ISBN 978-3-932338-47-2

»Auch diese kleine Geschichte ist voll feder-
leichter, liebenswürdiger Heiterkeit, melan-
cholischer Komik und feiner Ironie aus Sicht
der zielstrebigen, unangepassten Hauptperson
erzählt.«

(Dagmar Härter, ekz)

Weitere Autorinnen im AvivA Verlag

Maria Leitner:
»»Mädchen mit drei Namen«. Reportagen aus
Deutschland und ein Berliner Roman
1928–1933«
Hg. u. kommentiert m. einem Nachwort
v. Helga und Wilfried Schwarz
broschiert, 222 S., 15,90 €
ISBN 978-3-932338-60-1

»Wahre Preziosen sind die kleinen Texte Leit-
ners, in denen sie das ›tägliche Gesicht der
Zeit‹ ... einfängt.«

(Werner Jung, konkret)

Ruth Landshoff-Yorck:
»Die Schatzsucher von Venedig«
Hg. u. m. einem Nachwort
v. Walter Fähnders
broschiert, 166 S., zahlr. Abb., 13,90 €
ISBN 978-3-932338-56-4

»Ruth Landshoff-Yorck hat mit ›Die Schatzsucher von Venedig‹ nicht nur einen rasant
erzählten, witzigen und unterhaltsamen
Roman geschrieben, sondern ebenso einen,
der sehr treffend die Zeit der Weltwirtschafts-
krise beleuchtet.«

(Liliane Studer, literaturkritik.de)

Umschlaggestaltung: Britta Jürgs, unter Verwendung
eines Fotos aus der Zeitschrift *Uhu:*
Junge Berlinerinnen beim Sonnenbad
auf dem Dach eines Berliner Mietshauses.
Foto: Jo Keller, 1933.
Erschienen in: *Uhu* 12/1933
Originalaufnahme im Archiv von ullstein bild
© ullstein bild – ullstein bild

Druck: CPI Books GmbH, Leck

Erste Auflage 2014
© AvivA Verlag
AvivA Britta Jürgs GmbH
Emdener Str. 33, 10551 Berlin
fon (0 30) 39 73 13 72; fax (0 30) 39 73 13 71
info@aviva-verlag.de
www.aviva-verlag.de

ISBN: 978-3-932338-58-8